中华人民共和国
电力法

附配套规定

中国法制出版社

图书在版编目（CIP）数据

中华人民共和国电力法：附配套规定：大字版／中国法制出版社编．—北京：中国法制出版社，2024.5
ISBN 978-7-5216-4477-7

Ⅰ.①中… Ⅱ.①中… Ⅲ.①电力法-中国 Ⅳ.①D922.292

中国国家版本馆 CIP 数据核字（2024）第 082588 号

中华人民共和国电力法：附配套规定：大字版
ZHONGHUA RENMIN GONGHEGUO DIANLIFA：FU PEITAO GUIDING：DAZIBAN

经销/新华书店
印刷/三河市紫恒印装有限公司
开本/880 毫米×1230 毫米　32 开　　　　　印张/ 5　字数/ 60 千
版次/2024 年 5 月第 1 版　　　　　　　　　2024 年 5 月第 1 次印刷

中国法制出版社出版
书号 ISBN 978-7-5216-4477-7　　　　　　　定价：25.00 元

北京市西城区西便门西里甲 16 号西便门办公区
邮政编码：100053
网址：http://www.zgfzs.com　　　　　　　传真：010-63141600
市场营销部电话：010-63141612　　　　　　编辑部电话：010-63141667
　　　　　　　　　　　　　　　　　　　　印务部电话：010-63141606

（如有印装质量问题，请与本社印务部联系。）

目 录

中华人民共和国电力法 …………………… (1)

附：

电网调度管理条例 …………………………… (22)

电力设施保护条例 …………………………… (31)

电力监管条例 ………………………………… (43)

电力安全事故应急处置和调查处理条例 ……… (53)

电力供应与使用条例 ………………………… (75)

供电营业规则 ………………………………… (88)

供电监管办法 ………………………………… (139)

最高人民法院关于审理破坏电力设备刑事
　案件具体应用法律若干问题的解释 ……… (154)

中华人民共和国电力法

（1995年12月28日第八届全国人民代表大会常务委员会第十七次会议通过　根据2009年8月27日第十一届全国人民代表大会常务委员会第十次会议《关于修改部分法律的决定》第一次修正　根据2015年4月24日第十二届全国人民代表大会常务委员会第十四次会议《关于修改〈中华人民共和国电力法〉等六部法律的决定》第二次修正　根据2018年12月29日第十三届全国人民代表大会常务委员会第七次会议《关于修改〈中华人民共和国电力法〉等四部法律的决定》第三次修正)

目 录

第一章 总 则

第二章 电力建设

第三章 电力生产与电网管理

第四章 电力供应与使用

第五章 电价与电费

第六章 农村电力建设和农业用电

第七章 电力设施保护

第八章 监督检查

第九章 法律责任

第十章 附 则

第一章 总 则

第一条 为了保障和促进电力事业的发展，维护电力投资者、经营者和使用者的合法权益，保障电力安全运行，制定本法。

第二条 本法适用于中华人民共和国境内的电力

建设、生产、供应和使用活动。

第三条 电力事业应当适应国民经济和社会发展的需要，适当超前发展。国家鼓励、引导国内外的经济组织和个人依法投资开发电源，兴办电力生产企业。

电力事业投资，实行谁投资、谁收益的原则。

第四条 电力设施受国家保护。

禁止任何单位和个人危害电力设施安全或者非法侵占、使用电能。

第五条 电力建设、生产、供应和使用应当依法保护环境，采用新技术，减少有害物质排放，防治污染和其他公害。

国家鼓励和支持利用可再生能源和清洁能源发电。

第六条 国务院电力管理部门负责全国电力事业的监督管理。国务院有关部门在各自的职责范围内负责电力事业的监督管理。

县级以上地方人民政府经济综合主管部门是本行政区域内的电力管理部门，负责电力事业的监督管理。县级以上地方人民政府有关部门在各自的职责范围内负责电力事业的监督管理。

第七条 电力建设企业、电力生产企业、电网经营企业依法实行自主经营、自负盈亏，并接受电力管理部门的监督。

第八条 国家帮助和扶持少数民族地区、边远地区和贫困地区发展电力事业。

第九条 国家鼓励在电力建设、生产、供应和使用过程中，采用先进的科学技术和管理方法，对在研究、开发、采用先进的科学技术和管理方法等方面作出显著成绩的单位和个人给予奖励。

第二章 电力建设

第十条 电力发展规划应当根据国民经济和社会发展的需要制定，并纳入国民经济和社会发展计划。

电力发展规划，应当体现合理利用能源、电源与电网配套发展、提高经济效益和有利于环境保护的原则。

第十一条 城市电网的建设与改造规划，应当纳入城市总体规划。城市人民政府应当按照规划，安排变电设施用地、输电线路走廊和电缆通道。

任何单位和个人不得非法占用变电设施用地、输电线路走廊和电缆通道。

第十二条 国家通过制定有关政策,支持、促进电力建设。

地方人民政府应当根据电力发展规划,因地制宜,采取多种措施开发电源,发展电力建设。

第十三条 电力投资者对其投资形成的电力,享有法定权益。并网运行的,电力投资者有优先使用权;未并网的自备电厂,电力投资者自行支配使用。

第十四条 电力建设项目应当符合电力发展规划,符合国家电力产业政策。

电力建设项目不得使用国家明令淘汰的电力设备和技术。

第十五条 输变电工程、调度通信自动化工程等电网配套工程和环境保护工程,应当与发电工程项目同时设计、同时建设、同时验收、同时投入使用。

第十六条 电力建设项目使用土地,应当依照有关法律、行政法规的规定办理;依法征收土地的,应当依法支付土地补偿费和安置补偿费,做好迁移居民的安置工作。

电力建设应当贯彻切实保护耕地、节约利用土地的原则。

地方人民政府对电力事业依法使用土地和迁移居民，应当予以支持和协助。

第十七条　地方人民政府应当支持电力企业为发电工程建设勘探水源和依法取水、用水。电力企业应当节约用水。

第三章　电力生产与电网管理

第十八条　电力生产与电网运行应当遵循安全、优质、经济的原则。

电网运行应当连续、稳定，保证供电可靠性。

第十九条　电力企业应当加强安全生产管理，坚持安全第一、预防为主的方针，建立、健全安全生产责任制度。

电力企业应当对电力设施定期进行检修和维护，保证其正常运行。

第二十条　发电燃料供应企业、运输企业和电力生产企业应当依照国务院有关规定或者合同约定供应、运输和接卸燃料。

第二十一条　电网运行实行统一调度、分级管理。任何单位和个人不得非法干预电网调度。

第二十二条　国家提倡电力生产企业与电网、电网与电网并网运行。具有独立法人资格的电力生产企业要求将生产的电力并网运行的，电网经营企业应当接受。

并网运行必须符合国家标准或者电力行业标准。

并网双方应当按照统一调度、分级管理和平等互利、协商一致的原则，签订并网协议，确定双方的权利和义务；并网双方达不成协议的，由省级以上电力管理部门协调决定。

第二十三条　电网调度管理办法，由国务院依照本法的规定制定。

第四章　电力供应与使用

第二十四条　国家对电力供应和使用，实行安全用电、节约用电、计划用电的管理原则。

电力供应与使用办法由国务院依照本法的规定制定。

第二十五条　供电企业在批准的供电营业区内向用户供电。

供电营业区的划分，应当考虑电网的结构和供电合理性等因素。一个供电营业区内只设立一个供电营业机构。

供电营业区的设立、变更，由供电企业提出申请，电力管理部门依据职责和管理权限，会同同级有关部门审查批准后，发给《电力业务许可证》。供电营业区设立、变更的具体办法，由国务院电力管理部门制定。

第二十六条　供电营业区内的供电营业机构，对本营业区内的用户有按照国家规定供电的义务；不得违反国家规定对其营业区内申请用电的单位和个人拒绝供电。

申请新装用电、临时用电、增加用电容量、变更用电和终止用电，应当依照规定的程序办理手续。

供电企业应当在其营业场所公告用电的程序、制度和收费标准，并提供用户须知资料。

第二十七条　电力供应与使用双方应当根据平等自愿、协商一致的原则，按照国务院制定的电力供应与使用办法签订供用电合同,确定双方的权利和义务。

第二十八条 供电企业应当保证供给用户的供电质量符合国家标准。对公用供电设施引起的供电质量问题,应当及时处理。

用户对供电质量有特殊要求的,供电企业应当根据其必要性和电网的可能,提供相应的电力。

第二十九条 供电企业在发电、供电系统正常的情况下,应当连续向用户供电,不得中断。因供电设施检修、依法限电或者用户违法用电等原因,需要中断供电时,供电企业应当按照国家有关规定事先通知用户。

用户对供电企业中断供电有异议的,可以向电力管理部门投诉;受理投诉的电力管理部门应当依法处理。

第三十条 因抢险救灾需要紧急供电时,供电企业必须尽速安排供电,所需供电工程费用和应付电费依照国家有关规定执行。

第三十一条 用户应当安装用电计量装置。用户使用的电力电量,以计量检定机构依法认可的用电计量装置的记录为准。

用户受电装置的设计、施工安装和运行管理，应当符合国家标准或者电力行业标准。

第三十二条 用户用电不得危害供电、用电安全和扰乱供电、用电秩序。

对危害供电、用电安全和扰乱供电、用电秩序的，供电企业有权制止。

第三十三条 供电企业应当按照国家核准的电价和用电计量装置的记录，向用户计收电费。

供电企业查电人员和抄表收费人员进入用户，进行用电安全检查或者抄表收费时，应当出示有关证件。

用户应当按照国家核准的电价和用电计量装置的记录，按时交纳电费；对供电企业查电人员和抄表收费人员依法履行职责，应当提供方便。

第三十四条 供电企业和用户应当遵守国家有关规定，采取有效措施，做好安全用电、节约用电和计划用电工作。

第五章 电价与电费

第三十五条 本法所称电价，是指电力生产企业的上网电价、电网间的互供电价、电网销售电价。

电价实行统一政策，统一定价原则，分级管理。

第三十六条　制定电价，应当合理补偿成本，合理确定收益，依法计入税金，坚持公平负担，促进电力建设。

第三十七条　上网电价实行同网同质同价。具体办法和实施步骤由国务院规定。

电力生产企业有特殊情况需另行制定上网电价的，具体办法由国务院规定。

第三十八条　跨省、自治区、直辖市电网和省级电网内的上网电价，由电力生产企业和电网经营企业协商提出方案，报国务院物价行政主管部门核准。

独立电网内的上网电价，由电力生产企业和电网经营企业协商提出方案，报有管理权的物价行政主管部门核准。

地方投资的电力生产企业所生产的电力，属于在省内各地区形成独立电网的或者自发自用的，其电价可以由省、自治区、直辖市人民政府管理。

第三十九条　跨省、自治区、直辖市电网和独立电网之间、省级电网和独立电网之间的互供电价，由双方协商提出方案，报国务院物价行政主管部门或者其授权的部门核准。

独立电网与独立电网之间的互供电价，由双方协商提出方案，报有管理权的物价行政主管部门核准。

第四十条 跨省、自治区、直辖市电网和省级电网的销售电价，由电网经营企业提出方案，报国务院物价行政主管部门或者其授权的部门核准。

独立电网的销售电价，由电网经营企业提出方案，报有管理权的物价行政主管部门核准。

第四十一条 国家实行分类电价和分时电价。分类标准和分时办法由国务院确定。

对同一电网内的同一电压等级、同一用电类别的用户，执行相同的电价标准。

第四十二条 用户用电增容收费标准，由国务院物价行政主管部门会同国务院电力管理部门制定。

第四十三条 任何单位不得超越电价管理权限制定电价。供电企业不得擅自变更电价。

第四十四条 禁止任何单位和个人在电费中加收其他费用；但是，法律、行政法规另有规定的，按照规定执行。

地方集资办电在电费中加收费用的，由省、自治区、直辖市人民政府依照国务院有关规定制定办法。

禁止供电企业在收取电费时，代收其他费用。

第四十五条 电价的管理办法，由国务院依照本法的规定制定。

第六章　农村电力建设和农业用电

第四十六条 省、自治区、直辖市人民政府应当制定农村电气化发展规划，并将其纳入当地电力发展规划及国民经济和社会发展计划。

第四十七条 国家对农村电气化实行优惠政策，对少数民族地区、边远地区和贫困地区的农村电力建设给予重点扶持。

第四十八条 国家提倡农村开发水能资源，建设中、小型水电站，促进农村电气化。

国家鼓励和支持农村利用太阳能、风能、地热能、生物质能和其他能源进行农村电源建设，增加农村电力供应。

第四十九条 县级以上地方人民政府及其经济综

合主管部门在安排用电指标时，应当保证农业和农村用电的适当比例，优先保证农村排涝、抗旱和农业季节性生产用电。

电力企业应当执行前款的用电安排，不得减少农业和农村用电指标。

第五十条 农业用电价格按照保本、微利的原则确定。

农民生活用电与当地城镇居民生活用电应当逐步实行相同的电价。

第五十一条 农业和农村用电管理办法，由国务院依照本法的规定制定。

第七章 电力设施保护

第五十二条 任何单位和个人不得危害发电设施、变电设施和电力线路设施及其有关辅助设施。

在电力设施周围进行爆破及其他可能危及电力设施安全的作业的，应当按照国务院有关电力设施保护的规定，经批准并采取确保电力设施安全的措施后，方可进行作业。

第五十三条　电力管理部门应当按照国务院有关电力设施保护的规定，对电力设施保护区设立标志。

任何单位和个人不得在依法划定的电力设施保护区内修建可能危及电力设施安全的建筑物、构筑物，不得种植可能危及电力设施安全的植物，不得堆放可能危及电力设施安全的物品。

在依法划定电力设施保护区前已经种植的植物妨碍电力设施安全的，应当修剪或者砍伐。

第五十四条　任何单位和个人需要在依法划定的电力设施保护区内进行可能危及电力设施安全的作业时，应当经电力管理部门批准并采取安全措施后，方可进行作业。

第五十五条　电力设施与公用工程、绿化工程和其他工程在新建、改建或者扩建中相互妨碍时，有关单位应当按照国家有关规定协商，达成协议后方可施工。

第八章　监督检查

第五十六条　电力管理部门依法对电力企业和用

户执行电力法律、行政法规的情况进行监督检查。

第五十七条　电力管理部门根据工作需要，可以配备电力监督检查人员。

电力监督检查人员应当公正廉洁，秉公执法，熟悉电力法律、法规，掌握有关电力专业技术。

第五十八条　电力监督检查人员进行监督检查时，有权向电力企业或者用户了解有关执行电力法律、行政法规的情况，查阅有关资料，并有权进入现场进行检查。

电力企业和用户对执行监督检查任务的电力监督检查人员应当提供方便。

电力监督检查人员进行监督检查时，应当出示证件。

第九章　法律责任

第五十九条　电力企业或者用户违反供用电合同，给对方造成损失的，应当依法承担赔偿责任。

电力企业违反本法第二十八条、第二十九条第一款的规定，未保证供电质量或者未事先通知用户中断供电，给用户造成损失的，应当依法承担赔偿责任。

第六十条　因电力运行事故给用户或者第三人造成损害的，电力企业应当依法承担赔偿责任。

电力运行事故由下列原因之一造成的，电力企业不承担赔偿责任：

（一）不可抗力；

（二）用户自身的过错。

因用户或者第三人的过错给电力企业或者其他用户造成损害的，该用户或者第三人应当依法承担赔偿责任。

第六十一条　违反本法第十一条第二款的规定，非法占用变电设施用地、输电线路走廊或者电缆通道的，由县级以上地方人民政府责令限期改正；逾期不改正的，强制清除障碍。

第六十二条　违反本法第十四条规定，电力建设项目不符合电力发展规划、产业政策的，由电力管理部门责令停止建设。

违反本法第十四条规定，电力建设项目使用国家明令淘汰的电力设备和技术的，由电力管理部门责令停止使用，没收国家明令淘汰的电力设备，并处五万元以下的罚款。

第六十三条　违反本法第二十五条规定，未经许可，从事供电或者变更供电营业区的，由电力管理部门责令改正，没收违法所得，可以并处违法所得五倍以下的罚款。

第六十四条　违反本法第二十六条、第二十九条规定，拒绝供电或者中断供电的，由电力管理部门责令改正，给予警告；情节严重的，对有关主管人员和直接责任人员给予行政处分。

第六十五条　违反本法第三十二条规定，危害供电、用电安全或者扰乱供电、用电秩序的，由电力管理部门责令改正，给予警告；情节严重或者拒绝改正的，可以中止供电，可以并处五万元以下的罚款。

第六十六条　违反本法第三十三条、第四十三条、第四十四条规定，未按照国家核准的电价和用电计量装置的记录向用户计收电费、超越权限制定电价或者在电费中加收其他费用的，由物价行政主管部门给予警告，责令返还违法收取的费用，可以并处违法收取费用五倍以下的罚款；情节严重的，对有关主管人员和直接责任人员给予行政处分。

第六十七条　违反本法第四十九条第二款规定，减少农业和农村用电指标的，由电力管理部门责令改正；情节严重的，对有关主管人员和直接责任人员给予行政处分；造成损失的，责令赔偿损失。

第六十八条　违反本法第五十二条第二款和第五十四条规定，未经批准或者未采取安全措施在电力设施周围或者在依法划定的电力设施保护区内进行作业，危及电力设施安全的，由电力管理部门责令停止作业、恢复原状并赔偿损失。

第六十九条　违反本法第五十三条规定，在依法划定的电力设施保护区内修建建筑物、构筑物或者种植植物、堆放物品，危及电力设施安全的，由当地人民政府责令强制拆除、砍伐或者清除。

第七十条　有下列行为之一，应当给予治安管理处罚的，由公安机关依照治安管理处罚法的有关规定予以处罚；构成犯罪的，依法追究刑事责任：

（一）阻碍电力建设或者电力设施抢修，致使电力建设或者电力设施抢修不能正常进行的；

（二）扰乱电力生产企业、变电所、电力调度机构和供电企业的秩序，致使生产、工作和营业不能正常进行的；

（三）殴打、公然侮辱履行职务的查电人员或者抄表收费人员的；

（四）拒绝、阻碍电力监督检查人员依法执行职务的。

第七十一条 盗窃电能的，由电力管理部门责令停止违法行为，追缴电费并处应交电费五倍以下的罚款；构成犯罪的，依照刑法有关规定追究刑事责任。

第七十二条 盗窃电力设施或者以其他方法破坏电力设施，危害公共安全的，依照刑法有关规定追究刑事责任。

第七十三条 电力管理部门的工作人员滥用职权、玩忽职守、徇私舞弊，构成犯罪的，依法追究刑事责任；尚不构成犯罪的，依法给予行政处分。

第七十四条 电力企业职工违反规章制度、违章调度或者不服从调度指令，造成重大事故的，依照刑法有关规定追究刑事责任。

电力企业职工故意延误电力设施抢修或者抢险救灾供电，造成严重后果的，依照刑法有关规定追究刑事责任。

电力企业的管理人员和查电人员、抄表收费人员勒索用户、以电谋私，构成犯罪的，依法追究刑事责任；尚不构成犯罪的，依法给予行政处分。

第十章 附 则

第七十五条 本法自1996年4月1日起施行。

附：

电网调度管理条例

(1993年6月29日中华人民共和国国务院令第115号发布 根据2011年1月8日《国务院关于废止和修改部分行政法规的决定》修订)

第一章 总 则

第一条 为了加强电网调度管理，保障电网安全，保护用户利益，适应经济建设和人民生活的需要，制定本条例。

第二条 本条例所称电网调度，是指电网调度机构（以下简称调度机构）为保障电网的安全、优质、经济运行，对电网运行进行的组织、指挥、指导和协调。

电网调度应当符合社会主义市场经济的要求和电

网运行的客观规律。

第三条 中华人民共和国境内的发电、供电、用电单位以及其他有关单位和个人，必须遵守本条例。

第四条 电网运行实行统一调度、分级管理的原则。

第五条 任何单位和个人不得超计划分配电力和电量，不得超计划使用电力和电量；遇有特殊情况，需要变更计划的，须经用电计划下达部门批准。

第六条 国务院电力行政主管部门主管电网调度工作。

第二章 调度系统

第七条 调度机构的职权及其调度管辖范围的划分原则，由国务院电力行政主管部门确定。

第八条 调度机构直接调度的发电厂的划定原则，由国务院电力行政主管部门确定。

第九条 调度系统包括各级调度机构和电网内的发电厂、变电站的运行值班单位。

下级调度机构必须服从上级调度机构的调度。

调度机构调度管辖范围内的发电厂、变电站的运行值班单位,必须服从该级调度机构的调度。

第十条 调度机构分为五级:国家调度机构,跨省、自治区、直辖市调度机构,省、自治区、直辖市级调度机构,省辖市级调度机构,县级调度机构。

第十一条 调度系统值班人员须经培训、考核并取得合格证书方得上岗。

调度系统值班人员的培训、考核办法由国务院电力行政主管部门制定。

第三章 调度计划

第十二条 跨省电网管理部门和省级电网管理部门应当编制发电、供电计划,并将发电、供电计划报送国务院电力行政主管部门备案。

调度机构应当编制下达发电、供电调度计划。

值班调度人员可以按照有关规定,根据电网运行情况,调整日发电、供电调度计划。值班调度人员调整日发电、供电调度计划时,必须填写调度值班日志。

第十三条 跨省电网管理部门和省级电网管理部

门编制发电、供电计划，调度机构编制发电、供电调度计划时，应当根据国家下达的计划、有关的供电协议和并网协议、电网的设备能力，并留有备用容量。

对具有综合效益的水电厂（站）的水库，应当根据批准的水电厂（站）的设计文件，并考虑防洪、灌溉、发电、环保、航运等要求，合理运用水库蓄水。

第十四条　跨省电网管理部门和省级电网管理部门遇有下列情形之一，需要调整发电、供电计划时，应当通知有关地方人民政府的有关部门：

（一）大中型水电厂（站）入库水量不足；

（二）火电厂的燃料短缺；

（三）其他需要调整发电、供电计划的情形。

第四章　调度规则

第十五条　调度机构必须执行国家下达的供电计划，不得克扣电力、电量，并保证供电质量。

第十六条　发电厂必须按照调度机构下达的调度计划和规定的电压范围运行，并根据调度指令调整功率和电压。

第十七条　发电、供电设备的检修，应当服从调度机构的统一安排。

第十八条　出现下列紧急情况之一的，值班调度人员可以调整日发电、供电调度计划，发布限电、调整发电厂功率、开或者停发电机组等指令；可以向本电网内的发电厂、变电站的运行值班单位发布调度指令：

（一）发电、供电设备发生重大事故或者电网发生事故；

（二）电网频率或者电压超过规定范围；

（三）输变电设备负载超过规定值；

（四）主干线路功率值超过规定的稳定限额；

（五）其他威胁电网安全运行的紧急情况。

第十九条　省级电网管理部门、省辖市级电网管理部门、县级电网管理部门应当根据本级人民政府的生产调度部门的要求、用户的特点和电网安全运行的需要，提出事故及超计划用电的限电序位表，经本级人民政府的生产调度部门审核，报本级人民政府批准后，由调度机构执行。

限电及整个电网调度工作应当逐步实现自动化

管理。

第二十条　未经值班调度人员许可，任何人不得操作调度机构调度管辖范围内的设备。

电网运行遇有危及人身及设备安全的情况时，发电厂、变电站的运行值班单位的值班人员可以按照有关规定处理，处理后应当立即报告有关调度机构的值班人员。

第五章　调 度 指 令

第二十一条　值班调度人员必须按照规定发布各种调度指令。

第二十二条　在调度系统中，必须执行调度指令。调度系统的值班人员认为执行调度指令将危及人身及设备安全的，应当立即向发布指令的值班调度人员报告，由其决定调度指令的执行或者撤销。

第二十三条　电网管理部门的负责人，调度机构的负责人以及发电厂、变电站的负责人，对上级调度机构的值班人员发布的调度指令有不同意见时，可以向上级电网电力行政主管部门或者上级调度机构提出，但是在其未作出答复前，调度系统的值班人员必须按照上级调度机构的值班人员发布的调度指令执行。

第二十四条　任何单位和个人不得违反本条例干预调度系统的值班人员发布或者执行调度指令；调度系统的值班人员依法执行公务，有权拒绝各种非法干预。

第六章　并网与调度

第二十五条　并网运行的发电厂或者电网，必须服从调度机构的统一调度。

第二十六条　需要并网运行的发电厂与电网之间以及电网与电网之间，应当在并网前根据平等互利、协商一致的原则签订并网协议并严格执行。

第七章　罚　　则

第二十七条　违反本条例规定，有下列行为之一的，对主管人员和直接责任人员由其所在单位或者上级机关给予行政处分：

（一）未经上级调度机构许可，不按照上级调度机构下达的发电、供电调度计划执行的；

（二）不执行有关调度机构批准的检修计划的；

（三）不执行调度指令和调度机构下达的保证电网安全的措施的；

（四）不如实反映电网运行情况的；

（五）不如实反映执行调度指令情况的；

（六）调度系统的值班人员玩忽职守、徇私舞弊，尚不构成犯罪的。

第二十八条 调度机构对于超计划用电的用户应当予以警告；经警告，仍未按照计划用电的，调度机构可以发布限电指令，并可以强行扣还电力、电量；当超计划用电威胁电网安全运行时，调度机构可以部分或者全部暂时停止供电。

第二十九条 违反本条例规定，未按照计划供电或者无故调整供电计划的，电网应当根据用户的需要补给少供的电力、电量。

第三十条 违反本条例规定，构成违反治安管理行为的，依照《中华人民共和国治安管理处罚法》的有关规定给予处罚；构成犯罪的，依法追究刑事责任。

第八章　附　　则

第三十一条　国务院电力行政主管部门可以根据本条例制定实施办法。

省、自治区、直辖市人民政府可以根据本条例制定小电网管理办法。

第三十二条　本条例由国务院电力行政主管部门负责解释。

第三十三条　本条例自 1993 年 11 月 1 日起施行。

电力设施保护条例

（1987年9月15日国务院发布　根据1998年1月7日《国务院关于修改〈电力设施保护条例〉的决定》第一次修订　根据2011年1月8日《国务院关于废止和修改部分行政法规的决定》第二次修订）

第一章　总　则

第一条　为保障电力生产和建设的顺利进行，维护公共安全，特制定本条例。

第二条　本条例适用于中华人民共和国境内已建或在建的电力设施（包括发电设施、变电设施和电力线路设施及其有关辅助设施，下同）。

第三条　电力设施的保护，实行电力管理部门、公安部门、电力企业和人民群众相结合的原则。

第四条 电力设施受国家法律保护，禁止任何单位或个人从事危害电力设施的行为。任何单位和个人都有保护电力设施的义务，对危害电力设施的行为，有权制止并向电力管理部门、公安部门报告。

电力企业应加强对电力设施的保护工作，对危害电力设施安全的行为，应采取适当措施，予以制止。

第五条 国务院电力管理部门对电力设施的保护负责监督、检查、指导和协调。

第六条 县以上地方各级电力管理部门保护电力设施的职责是：

（一）监督、检查本条例及根据本条例制定的规章的贯彻执行；

（二）开展保护电力设施的宣传教育工作；

（三）会同有关部门及沿电力线路各单位，建立群众护线组织并健全责任制；

（四）会同当地公安部门，负责所辖地区电力设施的安全保卫工作。

第七条 各级公安部门负责依法查处破坏电力设施或哄抢、盗窃电力设施器材的案件。

第二章 电力设施的保护范围和保护区

第八条 发电设施、变电设施的保护范围：

（一）发电厂、变电站、换流站、开关站等厂、站内的设施；

（二）发电厂、变电站外各种专用的管道（沟）、储灰场、水井、泵站、冷却水塔、油库、堤坝、铁路、道路、桥梁、码头、燃料装卸设施、避雷装置、消防设施及其有关辅助设施；

（三）水力发电厂使用的水库、大坝、取水口、引水隧洞（含支洞口）、引水渠道、调压井（塔）、露天高压管道、厂房、尾水渠、厂房与大坝间的通信设施及其有关辅助设施。

第九条 电力线路设施的保护范围：

（一）架空电力线路：杆塔、基础、拉线、接地装置、导线、避雷线、金具、绝缘子、登杆塔的爬梯和脚钉，导线跨越航道的保护设施，巡（保）线站，巡视检修专用道路、船舶和桥梁，标志牌及其有关辅助设施；

（二）电力电缆线路：架空、地下、水底电力电缆和电缆联结装置，电缆管道、电缆隧道、电缆沟、电缆桥、电缆井、盖板、入孔、标石、水线标志牌及其有关辅助设施；

（三）电力线路上的变压器、电容器、电抗器、断路器、隔离开关、避雷器、互感器、熔断器、计量仪表装置、配电室、箱式变电站及其有关辅助设施；

（四）电力调度设施：电力调度场所、电力调度通信设施、电网调度自动化设施、电网运行控制设施。

第十条 电力线路保护区：

（一）架空电力线路保护区：导线边线向外侧水平延伸并垂直于地面所形成的两平行面内的区域，在一般地区各级电压导线的边线延伸距离如下：

1—10 千伏　　　　　5 米

35—110 千伏　　　　10 米

154—330 千伏　　　　15 米

500 千伏　　　　　　20 米

在厂矿、城镇等人口密集地区，架空电力线路保护区的区域可略小于上述规定。但各级电压导线边线延伸的距离，不应小于导线边线在最大计算弧垂及最大计算风偏后的水平距离和风偏后距建筑物的安全距离之和。

（二）电力电缆线路保护区：地下电缆为电缆线路地面标桩两侧各 0.75 米所形成的两平行线内的区域；海底电缆一般为线路两侧各 2 海里（港内为两侧各 100 米），江河电缆一般不小于线路两侧各 100 米（中、小河流一般不小于各 50 米）所形成的两平行线内的水域。

第三章　电力设施的保护

第十一条　县以上地方各级电力管理部门应采取以下措施，保护电力设施：

（一）在必要的架空电力线路保护区的区界上，应设立标志，并标明保护区的宽度和保护规定；

（二）在架空电力线路导线跨越重要公路和航道的区段，应设立标志，并标明导线距穿越物体之间的安全距离；

（三）地下电缆铺设后，应设立永久性标志，并将地下电缆所在位置书面通知有关部门；

（四）水底电缆敷设后，应设立永久性标志，并将水底电缆所在位置书面通知有关部门。

第十二条 任何单位或个人在电力设施周围进行爆破作业，必须按照国家有关规定，确保电力设施的安全。

第十三条 任何单位或个人不得从事下列危害发电设施、变电设施的行为：

（一）闯入发电厂、变电站内扰乱生产和工作秩序，移动、损害标志物；

（二）危及输水、输油、供热、排灰等管道（沟）的安全运行；

（三）影响专用铁路、公路、桥梁、码头的使用；

（四）在用于水力发电的水库内，进入距水工建筑物300米区域内炸鱼、捕鱼、游泳、划船及其他可能危及水工建筑物安全的行为；

（五）其他危害发电、变电设施的行为。

第十四条 任何单位或个人，不得从事下列危害电力线路设施的行为：

（一）向电力线路设施射击；

（二）向导线抛掷物体；

（三）在架空电力线路导线两侧各 300 米的区域内放风筝；

（四）擅自在导线上接用电器设备；

（五）擅自攀登杆塔或在杆塔上架设电力线、通信线、广播线，安装广播喇叭；

（六）利用杆塔、拉线作起重牵引地锚；

（七）在杆塔、拉线上拴牲畜、悬挂物体、攀附农作物；

（八）在杆塔、拉线基础的规定范围内取土、打桩、钻探、开挖或倾倒酸、碱、盐及其他有害化学物品；

（九）在杆塔内（不含杆塔与杆塔之间）或杆塔与拉线之间修筑道路；

（十）拆卸杆塔或拉线上的器材，移动、损坏永久性标志或标志牌；

（十一）其他危害电力线路设施的行为。

第十五条 任何单位或个人在架空电力线路保护区内，必须遵守下列规定：

（一）不得堆放谷物、草料、垃圾、矿渣、易燃物、易爆物及其他影响安全供电的物品；

（二）不得烧窑、烧荒；

（三）不得兴建建筑物、构筑物；

（四）不得种植可能危及电力设施安全的植物。

第十六条　任何单位或个人在电力电缆线路保护区内，必须遵守下列规定：

（一）不得在地下电缆保护区内堆放垃圾、矿渣、易燃物、易爆物，倾倒酸、碱、盐及其他有害化学物品，兴建建筑物、构筑物或种植树木、竹子；

（二）不得在海底电缆保护区内抛锚、拖锚；

（三）不得在江河电缆保护区内抛锚、拖锚、炸鱼、挖沙。

第十七条　任何单位或个人必须经县级以上地方电力管理部门批准，并采取安全措施后，方可进行下列作业或活动：

（一）在架空电力线路保护区内进行农田水利基本建设工程及打桩、钻探、开挖等作业；

（二）起重机械的任何部位进入架空电力线路保护区进行施工；

（三）小于导线距穿越物体之间的安全距离，通过架空电力线路保护区；

（四）在电力电缆线路保护区内进行作业。

第十八条　任何单位或个人不得从事下列危害电力设施建设的行为：

（一）非法侵占电力设施建设项目依法征收的土地；

（二）涂改、移动、损害、拔除电力设施建设的测量标桩和标记；

（三）破坏、封堵施工道路，截断施工水源或电源。

第十九条　未经有关部门依照国家有关规定批准，任何单位和个人不得收购电力设施器材。

第四章　对电力设施与其他设施 互相妨碍的处理

第二十条　电力设施的建设和保护应尽量避免或减少给国家、集体和个人造成的损失。

第二十一条　新建架空电力线路不得跨越储存易燃、易爆物品仓库的区域；一般不得跨越房屋，特殊情况需要跨越房屋时，电力建设企业应采取安全措施，并与有关单位达成协议。

第二十二条 公用工程、城市绿化和其他工程在新建、改建或扩建中妨碍电力设施时，或电力设施在新建、改建或扩建中妨碍公用工程、城市绿化和其他工程时，双方有关单位必须按照本条例和国家有关规定协商，就迁移、采取必要的防护措施和补偿等问题达成协议后方可施工。

第二十三条 电力管理部门应将经批准的电力设施新建、改建或扩建的规划和计划通知城乡建设规划主管部门，并划定保护区域。

城乡建设规划主管部门应将电力设施的新建、改建或扩建的规划和计划纳入城乡建设规划。

第二十四条 新建、改建或扩建电力设施，需要损害农作物，砍伐树木、竹子，或拆迁建筑物及其他设施的，电力建设企业应按照国家有关规定给予一次性补偿。

在依法划定的电力设施保护区内种植的或自然生长的可能危及电力设施安全的树木、竹子，电力企业应依法予以修剪或砍伐。

第五章 奖励与惩罚

第二十五条 任何单位或个人有下列行为之一，电力管理部门应给予表彰或一次性物质奖励：

（一）对破坏电力设施或哄抢、盗窃电力设施器材的行为检举、揭发有功；

（二）对破坏电力设施或哄抢、盗窃电力设施器材的行为进行斗争，有效地防止事故发生；

（三）为保护电力设施而同自然灾害作斗争，成绩突出；

（四）为维护电力设施安全，做出显著成绩。

第二十六条 违反本条例规定，未经批准或未采取安全措施，在电力设施周围或在依法划定的电力设施保护区内进行爆破或其他作业，危及电力设施安全的，由电力管理部门责令停止作业、恢复原状并赔偿损失。

第二十七条 违反本条例规定，危害发电设施、变电设施和电力线路设施的，由电力管理部门责令改正；拒不改正的，处1万元以下的罚款。

第二十八条　违反本条例规定,在依法划定的电力设施保护区内进行烧窑、烧荒、抛锚、拖锚、炸鱼、挖沙作业,危及电力设施安全的,由电力管理部门责令停止作业、恢复原状并赔偿损失。

第二十九条　违反本条例规定,危害电力设施建设的,由电力管理部门责令改正、恢复原状并赔偿损失。

第三十条　凡违反本条例规定而构成违反治安管理行为的单位或个人,由公安部门根据《中华人民共和国治安管理处罚法》予以处罚;构成犯罪的,由司法机关依法追究刑事责任。

第六章　附　　则

第三十一条　国务院电力管理部门可以会同国务院有关部门制定本条例的实施细则。

第三十二条　本条例自发布之日起施行。

电力监管条例

(2005年2月2日国务院第80次常务会议通过 2005年2月15日中华人民共和国国务院令第432号公布 自2005年5月1日起施行)

第一章 总 则

第一条 为了加强电力监管,规范电力监管行为,完善电力监管制度,制定本条例。

第二条 电力监管的任务是维护电力市场秩序,依法保护电力投资者、经营者、使用者的合法权益和社会公共利益,保障电力系统安全稳定运行,促进电力事业健康发展。

第三条 电力监管应当依法进行,并遵循公开、公正和效率的原则。

第四条 国务院电力监管机构依照本条例和国务院有关规定，履行电力监管和行政执法职能；国务院有关部门依照有关法律、行政法规和国务院有关规定，履行相关的监管职能和行政执法职能。

第五条 任何单位和个人对违反本条例和国家有关电力监管规定的行为有权向电力监管机构和政府有关部门举报，电力监管机构和政府有关部门应当及时处理，并依照有关规定对举报有功人员给予奖励。

第二章 监管机构

第六条 国务院电力监管机构根据履行职责的需要，经国务院批准，设立派出机构。国务院电力监管机构对派出机构实行统一领导和管理。

国务院电力监管机构的派出机构在国务院电力监管机构的授权范围内，履行电力监管职责。

第七条 电力监管机构从事监管工作的人员，应当具备与电力监管工作相适应的专业知识和业务工作经验。

第八条　电力监管机构从事监管工作的人员，应当忠于职守，依法办事，公正廉洁，不得利用职务便利谋取不正当利益，不得在电力企业、电力调度交易机构兼任职务。

第九条　电力监管机构应当建立监管责任制度和监管信息公开制度。

第十条　电力监管机构及其从事监管工作的人员依法履行电力监管职责，有关单位和人员应当予以配合和协助。

第十一条　电力监管机构应当接受国务院财政、监察、审计等部门依法实施的监督。

第三章　监管职责

第十二条　国务院电力监管机构依照有关法律、行政法规和本条例的规定，在其职责范围内制定并发布电力监管规章、规则。

第十三条　电力监管机构依照有关法律和国务院有关规定，颁发和管理电力业务许可证。

第十四条　电力监管机构按照国家有关规定，对发电企业在各电力市场中所占份额的比例实施监管。

第十五条　电力监管机构对发电厂并网、电网互联以及发电厂与电网协调运行中执行有关规章、规则的情况实施监管。

第十六条　电力监管机构对电力市场向从事电力交易的主体公平、无歧视开放的情况以及输电企业公平开放电网的情况依法实施监管。

第十七条　电力监管机构对电力企业、电力调度交易机构执行电力市场运行规则的情况，以及电力调度交易机构执行电力调度规则的情况实施监管。

第十八条　电力监管机构对供电企业按照国家规定的电能质量和供电服务质量标准向用户提供供电服务的情况实施监管。

第十九条　电力监管机构具体负责电力安全监督管理工作。

国务院电力监管机构经商国务院发展改革部门、国务院安全生产监督管理部门等有关部门后，制订重大电力生产安全事故处置预案，建立重大电力生产安全事故应急处置制度。

第二十条　国务院价格主管部门、国务院电力监管机构依照法律、行政法规和国务院的规定，对电价实施监管。

第四章　监管措施

第二十一条　电力监管机构根据履行监管职责的需要，有权要求电力企业、电力调度交易机构报送与监管事项相关的文件、资料。

电力企业、电力调度交易机构应当如实提供有关文件、资料。

第二十二条　国务院电力监管机构应当建立电力监管信息系统。

电力企业、电力调度交易机构应当按照国务院电力监管机构的规定将与监管相关的信息系统接入电力监管信息系统。

第二十三条　电力监管机构有权责令电力企业、电力调度交易机构按照国家有关电力监管规章、规则的规定如实披露有关信息。

第二十四条　电力监管机构依法履行职责，可以采取下列措施，进行现场检查：

（一）进入电力企业、电力调度交易机构进行检查；

（二）询问电力企业、电力调度交易机构的工作人员，要求其对有关检查事项作出说明；

（三）查阅、复制与检查事项有关的文件、资料，对可能被转移、隐匿、损毁的文件、资料予以封存；

（四）对检查中发现的违法行为，有权当场予以纠正或者要求限期改正。

第二十五条 依法从事电力监管工作的人员在进行现场检查时，应当出示有效执法证件；未出示有效执法证件的，电力企业、电力调度交易机构有权拒绝检查。

第二十六条 发电厂与电网并网、电网与电网互联，并网双方或者互联双方达不成协议，影响电力交易正常进行的，电力监管机构应当进行协调；经协调仍不能达成协议的，由电力监管机构作出裁决。

第二十七条 电力企业发生电力生产安全事故，应当及时采取措施，防止事故扩大，并向电力监管机构和其他有关部门报告。电力监管机构接到发生重大电力生产安全事故报告后，应当按照重大电力生产安全事故处置预案，及时采取处置措施。

电力监管机构按照国家有关规定组织或者参加电力生产安全事故的调查处理。

第二十八条　电力监管机构对电力企业、电力调度交易机构违反有关电力监管的法律、行政法规或者有关电力监管规章、规则，损害社会公共利益的行为及其处理情况，可以向社会公布。

第五章　法律责任

第二十九条　电力监管机构从事监管工作的人员有下列情形之一的，依法给予行政处分；构成犯罪的，依法追究刑事责任：

（一）违反有关法律和国务院有关规定颁发电力业务许可证的；

（二）发现未经许可擅自经营电力业务的行为，不依法进行处理的；

（三）发现违法行为或者接到对违法行为的举报后，不及时进行处理的；

（四）利用职务便利谋取不正当利益的。

电力监管机构从事监管工作的人员在电力企业、

电力调度交易机构兼任职务的，由电力监管机构责令改正，没收兼职所得；拒不改正的，予以辞退或者开除。

第三十条 违反规定未取得电力业务许可证擅自经营电力业务的，由电力监管机构责令改正，没收违法所得，可以并处违法所得5倍以下的罚款；构成犯罪的，依法追究刑事责任。

第三十一条 电力企业违反本条例规定，有下列情形之一的，由电力监管机构责令改正；拒不改正的，处10万元以上100万元以下的罚款；对直接负责的主管人员和其他直接责任人员，依法给予处分；情节严重的，可以吊销电力业务许可证：

（一）不遵守电力市场运行规则的；

（二）发电厂并网、电网互联不遵守有关规章、规则的；

（三）不向从事电力交易的主体公平、无歧视开放电力市场或者不按照规定公平开放电网的。

第三十二条 供电企业未按照国家规定的电能质量和供电服务质量标准向用户提供供电服务的，由电力监管机构责令改正，给予警告；情节严重的，对直接负责的主管人员和其他直接责任人员，依法给予处分。

第三十三条　电力调度交易机构违反本条例规定，不按照电力市场运行规则组织交易的，由电力监管机构责令改正；拒不改正的，处 10 万元以上 100 万元以下的罚款；对直接负责的主管人员和其他直接责任人员，依法给予处分。

电力调度交易机构工作人员泄露电力交易内幕信息的，由电力监管机构责令改正，并依法给予处分。

第三十四条　电力企业、电力调度交易机构有下列情形之一的，由电力监管机构责令改正；拒不改正的，处 5 万元以上 50 万元以下的罚款，对直接负责的主管人员和其他直接责任人员，依法给予处分；构成犯罪的，依法追究刑事责任：

（一）拒绝或者阻碍电力监管机构及其从事监管工作的人员依法履行监管职责的；

（二）提供虚假或者隐瞒重要事实的文件、资料的；

（三）未按照国家有关电力监管规章、规则的规定披露有关信息的。

第三十五条 本条例规定的罚款和没收的违法所得，按照国家有关规定上缴国库。

第六章 附 则

第三十六条 电力企业应当按照国务院价格主管部门、财政部门的有关规定缴纳电力监管费。

第三十七条 本条例自 2005 年 5 月 1 日起施行。

电力安全事故应急处置和调查处理条例

（2011年6月15日国务院第159次常务会议通过 2011年7月7日中华人民共和国国务院令第599号公布 自2011年9月1日起施行）

第一章 总 则

第一条 为了加强电力安全事故的应急处置工作，规范电力安全事故的调查处理，控制、减轻和消除电力安全事故损害，制定本条例。

第二条 本条例所称电力安全事故，是指电力生产或者电网运行过程中发生的影响电力系统安全稳定运行或者影响电力正常供应的事故（包括热电厂发生的影响热力正常供应的事故）。

第三条　根据电力安全事故（以下简称事故）影响电力系统安全稳定运行或者影响电力（热力）正常供应的程度，事故分为特别重大事故、重大事故、较大事故和一般事故。事故等级划分标准由本条例附表列示。事故等级划分标准的部分项目需要调整的，由国务院电力监管机构提出方案，报国务院批准。

由独立的或者通过单一输电线路与外省连接的省级电网供电的省级人民政府所在地城市，以及由单一输电线路或者单一变电站供电的其他设区的市、县级市，其电网减供负荷或者造成供电用户停电的事故等级划分标准，由国务院电力监管机构另行制定，报国务院批准。

第四条　国务院电力监管机构应当加强电力安全监督管理，依法建立健全事故应急处置和调查处理的各项制度，组织或者参与事故的调查处理。

国务院电力监管机构、国务院能源主管部门和国务院其他有关部门、地方人民政府及有关部门按照国家规定的权限和程序，组织、协调、参与事故的应急处置工作。

第五条　电力企业、电力用户以及其他有关单位和个人，应当遵守电力安全管理规定，落实事故预防措施，防止和避免事故发生。

县级以上地方人民政府有关部门确定的重要电力用户，应当按照国务院电力监管机构的规定配置自备应急电源，并加强安全使用管理。

第六条 事故发生后，电力企业和其他有关单位应当按照规定及时、准确报告事故情况，开展应急处置工作，防止事故扩大，减轻事故损害。电力企业应当尽快恢复电力生产、电网运行和电力（热力）正常供应。

第七条 任何单位和个人不得阻挠和干涉对事故的报告、应急处置和依法调查处理。

第二章 事故报告

第八条 事故发生后，事故现场有关人员应当立即向发电厂、变电站运行值班人员、电力调度机构值班人员或者本企业现场负责人报告。有关人员接到报告后，应当立即向上一级电力调度机构和本企业负责人报告。本企业负责人接到报告后，应当立即向国务院电力监管机构设在当地的派出机构（以下称事故发生地电力监管机构）、县级以上人民政府安全生产监督管理部门报告；热电厂事故影响热力正常供应的，还应当向供热管理部门报告；事故涉及水电厂（站）大坝安全的，还应当同时向有管辖权的水行政主管部门或者流域管理机构报告。

电力企业及其有关人员不得迟报、漏报或者瞒报、谎报事故情况。

第九条 事故发生地电力监管机构接到事故报告后，应当立即核实有关情况，向国务院电力监管机构报告；事故造成供电用户停电的，应当同时通报事故发生地县级以上地方人民政府。

对特别重大事故、重大事故，国务院电力监管机构接到事故报告后应当立即报告国务院，并通报国务院安全生产监督管理部门、国务院能源主管部门等有关部门。

第十条 事故报告应当包括下列内容：

（一）事故发生的时间、地点（区域）以及事故发生单位；

（二）已知的电力设备、设施损坏情况，停运的发电（供热）机组数量、电网减供负荷或者发电厂减少出力的数值、停电（停热）范围；

（三）事故原因的初步判断；

（四）事故发生后采取的措施、电网运行方式、发电机组运行状况以及事故控制情况；

（五）其他应当报告的情况。

事故报告后出现新情况的，应当及时补报。

第十一条 事故发生后，有关单位和人员应当妥善保护事故现场以及工作日志、工作票、操作票等相关材料，及时保存故障录波图、电力调度数据、发电机组运行数据和输变电设备运行数据等相关资料，并在事故调查组成立后将相关材料、资料移交事故调查组。

因抢救人员或者采取恢复电力生产、电网运行和电力供应等紧急措施，需要改变事故现场、移动电力设备的，应当作出标记、绘制现场简图，妥善保存重要痕迹、物证，并作出书面记录。

任何单位和个人不得故意破坏事故现场，不得伪造、隐匿或者毁灭相关证据。

第三章 事故应急处置

第十二条 国务院电力监管机构依照《中华人民共和国突发事件应对法》和《国家突发公共事件总体应急预案》，组织编制国家处置电网大面积停电事件应急预案，报国务院批准。

有关地方人民政府应当依照法律、行政法规和国家处置电网大面积停电事件应急预案，组织制定本行政区域处置电网大面积停电事件应急预案。

处置电网大面积停电事件应急预案应当对应急组织指挥体系及职责，应急处置的各项措施，以及人员、资金、物资、技术等应急保障作出具体规定。

第十三条 电力企业应当按照国家有关规定，制定本企业事故应急预案。

电力监管机构应当指导电力企业加强电力应急救援队伍建设，完善应急物资储备制度。

第十四条 事故发生后，有关电力企业应当立即采取相应的紧急处置措施，控制事故范围，防止发生电网系统性崩溃和瓦解；事故危及人身和设备安全的，发电厂、变电站运行值班人员可以按照有关规定，立即采取停运发电机组和输变电设备等紧急处置措施。

事故造成电力设备、设施损坏的，有关电力企业应当立即组织抢修。

第十五条 根据事故的具体情况，电力调度机构可以发布开启或者关停发电机组、调整发电机组有功和无功负荷、调整电网运行方式、调整供电调度计划等电力调度命令，发电企业、电力用户应当执行。

事故可能导致破坏电力系统稳定和电网大面积停电的，电力调度机构有权决定采取拉限负荷、解列电网、解列发电机组等必要措施。

第十六条 事故造成电网大面积停电的，国务院电力监管机构和国务院其他有关部门、有关地方人民政府、电力企业应当按照国家有关规定，启动相应的应急预案，成立应急指挥机构，尽快恢复电网运行和电力供应，防止各种次生灾害的发生。

第十七条 事故造成电网大面积停电的，有关地方人民政府及有关部门应当立即组织开展下列应急处置工作：

（一）加强对停电地区关系国计民生、国家安全和公共安全的重点单位的安全保卫，防范破坏社会秩序的行为，维护社会稳定；

（二）及时排除因停电发生的各种险情；

（三）事故造成重大人员伤亡或者需要紧急转移、安置受困人员的，及时组织实施救治、转移、安置工作；

（四）加强停电地区道路交通指挥和疏导，做好铁路、民航运输以及通信保障工作；

（五）组织应急物资的紧急生产和调用，保证电网恢复运行所需物资和居民基本生活资料的供给。

第十八条　事故造成重要电力用户供电中断的，重要电力用户应当按照有关技术要求迅速启动自备应急电源；启动自备应急电源无效的，电网企业应当提供必要的支援。

事故造成地铁、机场、高层建筑、商场、影剧院、体育场馆等人员聚集场所停电的，应当迅速启用应急照明，组织人员有序疏散。

第十九条　恢复电网运行和电力供应，应当优先保证重要电厂厂用电源、重要输变电设备、电力主干网架的恢复，优先恢复重要电力用户、重要城市、重点地区的电力供应。

第二十条 事故应急指挥机构或者电力监管机构应当按照有关规定，统一、准确、及时发布有关事故影响范围、处置工作进度、预计恢复供电时间等信息。

第四章 事故调查处理

第二十一条 特别重大事故由国务院或者国务院授权的部门组织事故调查组进行调查。

重大事故由国务院电力监管机构组织事故调查组进行调查。

较大事故、一般事故由事故发生地电力监管机构组织事故调查组进行调查。国务院电力监管机构认为必要的，可以组织事故调查组对较大事故进行调查。

未造成供电用户停电的一般事故，事故发生地电力监管机构也可以委托事故发生单位调查处理。

第二十二条 根据事故的具体情况，事故调查组由电力监管机构、有关地方人民政府、安全生产监督管理部门、负有安全生产监督管理职责的有关部门派人组成；有关人员涉嫌失职、渎职或者涉嫌犯罪的，应当邀请监察机关、公安机关、人民检察院派人参加。

根据事故调查工作的需要，事故调查组可以聘请有关专家协助调查。

事故调查组组长由组织事故调查组的机关指定。

第二十三条　事故调查组应当按照国家有关规定开展事故调查，并在下列期限内向组织事故调查组的机关提交事故调查报告：

（一）特别重大事故和重大事故的调查期限为60日；特殊情况下，经组织事故调查组的机关批准，可以适当延长，但延长的期限不得超过60日。

（二）较大事故和一般事故的调查期限为45日；特殊情况下，经组织事故调查组的机关批准，可以适当延长，但延长的期限不得超过45日。

事故调查期限自事故发生之日起计算。

第二十四条　事故调查报告应当包括下列内容：

（一）事故发生单位概况和事故发生经过；

（二）事故造成的直接经济损失和事故对电网运行、电力（热力）正常供应的影响情况；

（三）事故发生的原因和事故性质；

（四）事故应急处置和恢复电力生产、电网运行的情况；

（五）事故责任认定和对事故责任单位、责任人的处理建议；

（六）事故防范和整改措施。

事故调查报告应当附具有关证据材料和技术分析报告。事故调查组成员应当在事故调查报告上签字。

第二十五条 事故调查报告报经组织事故调查组的机关同意，事故调查工作即告结束；委托事故发生单位调查的一般事故，事故调查报告应当报经事故发生地电力监管机构同意。

有关机关应当依法对事故发生单位和有关人员进行处罚，对负有事故责任的国家工作人员给予处分。

事故发生单位应当对本单位负有事故责任的人员进行处理。

第二十六条 事故发生单位和有关人员应当认真吸取事故教训，落实事故防范和整改措施，防止事故再次发生。

电力监管机构、安全生产监督管理部门和负有安全生产监督管理职责的有关部门应当对事故发生单位和有关人员落实事故防范和整改措施的情况进行监督检查。

第五章 法律责任

第二十七条 发生事故的电力企业主要负责人有下列行为之一的，由电力监管机构处其上一年年收入40%至80%的罚款；属于国家工作人员的，并依法给予处分；构成犯罪的，依法追究刑事责任：

（一）不立即组织事故抢救的；

（二）迟报或者漏报事故的；

（三）在事故调查处理期间擅离职守的。

第二十八条 发生事故的电力企业及其有关人员有下列行为之一的，由电力监管机构对电力企业处100万元以上500万元以下的罚款；对主要负责人、直接负责的主管人员和其他直接责任人员处其上一年年收入60%至100%的罚款，属于国家工作人员的，并依法给予处分；构成违反治安管理行为的，由公安机关依法给予治安管理处罚；构成犯罪的，依法追究刑事责任：

（一）谎报或者瞒报事故的；

（二）伪造或者故意破坏事故现场的；

（三）转移、隐匿资金、财产，或者销毁有关证据、资料的；

（四）拒绝接受调查或者拒绝提供有关情况和资料的；

（五）在事故调查中作伪证或者指使他人作伪证的；

（六）事故发生后逃匿的。

第二十九条 电力企业对事故发生负有责任的，由电力监管机构依照下列规定处以罚款：

（一）发生一般事故的，处10万元以上20万元以下的罚款；

（二）发生较大事故的，处20万元以上50万元以下的罚款；

（三）发生重大事故的，处50万元以上200万元以下的罚款；

（四）发生特别重大事故的，处200万元以上500万元以下的罚款。

第三十条 电力企业主要负责人未依法履行安全

生产管理职责，导致事故发生的，由电力监管机构依照下列规定处以罚款；属于国家工作人员的，并依法给予处分；构成犯罪的，依法追究刑事责任：

（一）发生一般事故的，处其上一年年收入30%的罚款；

（二）发生较大事故的，处其上一年年收入40%的罚款；

（三）发生重大事故的，处其上一年年收入60%的罚款；

（四）发生特别重大事故的，处其上一年年收入80%的罚款。

第三十一条 电力企业主要负责人依照本条例第二十七条、第二十八条、第三十条规定受到撤职处分或者刑事处罚的，自受处分之日或者刑罚执行完毕之日起5年内，不得担任任何生产经营单位主要负责人。

第三十二条 电力监管机构、有关地方人民政府以及其他负有安全生产监督管理职责的有关部门有下列行为之一的，对直接负责的主管人员和其他直接责任人员依法给予处分；直接负责的主管人员和其他直接责任人员构成犯罪的，依法追究刑事责任：

（一）不立即组织事故抢救的；

（二）迟报、漏报或者瞒报、谎报事故的；

（三）阻碍、干涉事故调查工作的；

（四）在事故调查中作伪证或者指使他人作伪证的。

第三十三条 参与事故调查的人员在事故调查中有下列行为之一的，依法给予处分；构成犯罪的，依法追究刑事责任：

（一）对事故调查工作不负责任，致使事故调查工作有重大疏漏的；

（二）包庇、袒护负有事故责任的人员或者借机打击报复的。

第六章 附　　则

第三十四条 发生本条例规定的事故，同时造成人员伤亡或者直接经济损失，依照本条例确定的事故等级与依照《生产安全事故报告和调查处理条例》确定的事故等级不相同的，按事故等级较高者确定事故等级，依照本条例的规定调查处理；事故造成人员伤亡，构成《生产安全事故报告和调查处理条例》规定的重大事故或者特别重大事故的，依照《生产安全事故报告和调查处理条例》的规定调查处理。

电力生产或者电网运行过程中发生发电设备或者输变电设备损坏，造成直接经济损失的事故，未影响电力系统安全稳定运行以及电力正常供应的，由电力监管机构依照《生产安全事故报告和调查处理条例》的规定组成事故调查组对重大事故、较大事故、一般事故进行调查处理。

第三十五条 本条例对事故报告和调查处理未作规定的，适用《生产安全事故报告和调查处理条例》的规定。

第三十六条 核电厂核事故的应急处置和调查处理，依照《核电厂核事故应急管理条例》的规定执行。

第三十七条 本条例自2011年9月1日起施行。

附：

电力安全事故等级划分标准

判定项 事故等级	造成电网减供负荷的比例	造成城市供电用户停电的比例	发电厂或者变电站因安全故障造成厂（站）对外停电的影响和持续时间	发电机组因安全故障停运的时间和后果	供热机组对外停止供热的时间
特别重大事故	区域性电网减供负荷30%以上电网负荷20000兆瓦以上的省、自治区电网，减供负荷30%以上电网负荷5000兆瓦以上20000兆瓦以下的省、自治区电网，减供负荷40%以上 直辖市电网减供负荷50%以上电网负荷2000兆瓦以上的省、自治区人民政府所在地城市电网减供负荷60%以上	直辖市60%以上供电用户停电 电网负荷2000兆瓦以上的省、自治区人民政府所在地城市70%以上供电用户停电			

69

续表

判定项目 事故等级	造成电网减供负荷的比例	造成城市供电用户停电的比例	发电厂或者变电站因安全故障造成全厂（站）对外停电的影响和持续时间	发电机组因安全故障停运的时间和后果	供热机组对外停止供热的时间
重大事故	区域性电网减供负荷 10%以上 30%以下 电网负荷 20000 兆瓦以上的省、自治区电网，减供负荷 13%以上 30%以下 电网负荷 5000 兆瓦以上 20000 兆瓦以下的省、自治区电网，减供负荷 16%以上 40%以下 电网负荷 1000 兆瓦以上 5000 兆瓦以下的省、自治区电网，减供负荷 20%以上 50%以下 直辖市电网减供负荷 40%以上（电网负荷 2000 兆瓦以上 60%以下） 省、自治区人民政府所在地城市电网减供负荷 40%以上的，减供负荷 40%以上 60%以下	直辖市 30%以上 60%以下供电用户停电 省、自治区人民政府所在地城市 50%以上供电用户停电（电网负荷 2000 兆瓦以上，50%以上 70%以下） 电网负荷 600 兆瓦以上的其他设区的市 70%以上供电用户停电			

70

续表

判定项 事故等级	造成电网减供负荷的比例	造成城市供电用户停电的比例	发电厂或者变电站因安全故障造成厂(站)对外停电的影响和持续时间	发电机组因安全故障停运的时间和后果	供热机组对外停止供热的时间
重大事故	电网负荷 600 兆瓦以上的市电网减供负荷 60%以上 区域性电网减供负荷 7%以上、10%以下的省、自治区电网，减供负荷 10%以上、13%以下电网负荷 5000 兆瓦以上、20000 兆瓦以下的省、自治区电网，减供负荷 12%以上、16%以下				
较大事故	电网负荷 1000 兆瓦以上、5000 兆瓦以下的省、自治区电网，减供负荷 20%以上、50%以下 电网负荷 1000 兆瓦以下的省、自治区电网，减供负荷 40%以上	直辖市 15%以上、30%以下供电用户停电 省、自治区人民政府所在地城市 30%以上、50%以下供电用户停电 其他设区的市 50%以上供电用户停电(电网)	发电厂或者 220 千伏以上变电站因安全故障造成全厂对外停电，对周边电网电压监视控制点电压低于调度机构规定的电压曲线值 20%并且持续时间 30 分钟以上，或者导	发电机组因安全故障停止运行超过行业标准(规定)的大修规定时间两周，并导致电网减供负荷	供热机组装机容量 200 兆瓦以上的热电厂，在当地人民政府规定的采暖期内同时发生 2 台以上供热机组因安全故障停止

续表

事故等级\判定项	造成电网减供负荷的比例	造成城市供电用户停电的比例	发电厂或者变电站因安全故障造成厂（站）对外停电的影响和持续时间	发电机组因安全故障停运的时间和后果	供热机组对外停止供热的时间
较大事故	直辖市电网减供负荷10%以上20%以下； 省、自治区人民政府所在地城市电网减供负荷20%以上40%以下； 其他设区的市电网减供负荷40%以上（电网负荷600兆瓦以上，减供负荷40%以上60%以下）； 电网负荷150兆瓦以上的县级市电网减供负荷60%以上	负荷600兆瓦以上的，50%以上70%以下； 电网负荷150兆瓦以上的县级市70%以上供电用户停电	致使周边电压监视控制点电压低于调度机构规定的电压曲线值10%并且持续时间1小时以上		运行，造成全厂对外停止供热并且持续时间48小时以上
一般事故	区域性电网减供负荷4%以上7%以下； 电网负荷20000兆瓦以上的省、自治区电网，减供负荷5%以上10%以下； 电网负荷5000兆瓦以上20000兆瓦以下的省、自治区电网，减供负荷6%以上	直辖市10%以上15%以下供电用户停电	发电厂或者变电站因安全故障造成厂（站）对外停电，导致所在地省、自治区人民政府所在地	发电机组因安全故障停止运行超过行业标准规定的	供热机容量组装机200兆瓦以上的热电厂，在当地

续表

判定项\事故等级	造成电网减供负荷的比例	造成城市供电用户停电的比例	发电厂或者变电站因安全故障造成全厂（站）对外停电的影响和持续时间	发电机组因安全故障停运的时间和后果	供热机组对外停止供热的时间
一般事故	电网负荷1000兆瓦以上5000兆瓦以下的省、自治区电网，减供负荷10%以上12%以下 电网负荷1000兆瓦以下的省、自治区电网，减供负荷25%以上40%以下 直辖市电网减供负荷5%以上10%以下 省、自治区人民政府所在地城市电网减供负荷10%以上20%以下 其他设区的市电网减供负荷20%以上40%以下 县级市减供负荷40%以上（电网负荷150兆瓦以上，减供负荷40%以上60%以下）	城市15%以上30%以下供电用户停电 其他设区的市30%以上50%以下供电用户停电 县级市50%以上供电用户停电（电网负荷150兆瓦以上的，50%以上70%以上）	变电站监视控制边电压低于调度机构规定的电压曲线值5%以上10%以下并且持续时间2小时以上	发电机组检修时间两周，并导致电网减供负荷2台以上供热机组因安全故障停止运行，造成全厂对外停止供热并且持续时间24小时以上	人民政府规定的采暖期内同时发生

73

注：1. 符合本表所列情形之一的，即构成相应等级的电力安全事故。
2. 本表中所称的"以上"包括本数，"以下"不包括本数。
3. 本表下列用语的含义：
（1）电网负荷，是指电力调度机构统一调度的电网在事故发生起始时刻的实际负荷；
（2）电网减供负荷，是指电力调度机构统一调度的电网在事故发生期间的实际负荷最大减少量；
（3）全厂对外停电，是指发电厂对外有功负荷降到零（虽电网经发电厂母线传送的负荷没有停止，仍视为全厂对外停电）；
（4）发电机组因安全故障停止运行，是指并网运行的发电机组（包括各种类型的电站锅炉、汽轮机、燃气轮机、水轮机，发电机和主变压器等主要发电设备），在未经电力调度机构允许的情况下，因安全故障需要停止运行的状态。

电力供应与使用条例

（1996年4月17日中华人民共和国国务院令第196号发布　根据2016年2月6日《国务院关于修改部分行政法规的决定》第一次修订　根据2019年3月2日《国务院关于修改部分行政法规的决定》第二次修订）

第一章　总　　则

第一条　为了加强电力供应与使用的管理，保障供电、用电双方的合法权益，维护供电、用电秩序，安全、经济、合理地供电和用电，根据《中华人民共和国电力法》制定本条例。

第二条　在中华人民共和国境内，电力供应企业（以下称供电企业）和电力使用者（以下称用户）以及与电力供应、使用有关的单位和个人，必须遵守本条例。

第三条　国务院电力管理部门负责全国电力供应与使用的监督管理工作。

县级以上地方人民政府电力管理部门负责本行政区域内电力供应与使用的监督管理工作。

第四条　电网经营企业依法负责本供区内的电力供应与使用的业务工作，并接受电力管理部门的监督。

第五条　国家对电力供应和使用实行安全用电、节约用电、计划用电的管理原则。

供电企业和用户应当遵守国家有关规定，采取有效措施，做好安全用电、节约用电、计划用电工作。

第六条　供电企业和用户应当根据平等自愿、协商一致的原则签订供用电合同。

第七条　电力管理部门应当加强对供用电的监督管理，协调供用电各方关系，禁止危害供用电安全和非法侵占电能的行为。

第二章　供电营业区

第八条　供电企业在批准的供电营业区内向用户

供电。

供电营业区的划分，应当考虑电网的结构和供电合理性等因素。一个供电营业区内只设立一个供电营业机构。

第九条 供电营业区的设立、变更，由供电企业提出申请，电力管理部门依据职责和管理权限，会同同级有关部门审查批准后，发给《电力业务许可证》。

电网经营企业应当根据电网结构和供电合理性的原则协助电力管理部门划分供电营业区。

供电营业区的划分和管理办法，由国务院电力管理部门制定。

第十条 并网运行的电力生产企业按照并网协议运行后，送入电网的电力、电量由供电营业机构统一经销。

第十一条 用户用电容量超过其所在的供电营业区内供电企业供电能力的，由省级以上电力管理部门指定的其他供电企业供电。

第三章 供电设施

第十二条 县级以上各级人民政府应当将城乡电网的建设与改造规划，纳入城市建设和乡村建设的总体规划。各级电力管理部门应当会同有关行政主管部门和电网经营企业做好城乡电网建设和改造的规划。供电企业应当按照规划做好供电设施建设和运行管理工作。

第十三条 地方各级人民政府应当按照城市建设和乡村建设的总体规划统筹安排城乡供电线路走廊、电缆通道、区域变电所、区域配电所和营业网点的用地。

供电企业可以按照国家有关规定在规划的线路走廊、电缆通道、区域变电所、区域配电所和营业网点的用地上，架线、敷设电缆和建设公用供电设施。

第十四条 公用路灯由乡、民族乡、镇人民政府或者县级以上地方人民政府有关部门负责建设，并负责运行维护和交付电费，也可以委托供电企业代为有偿设计、施工和维护管理。

第十五条 供电设施、受电设施的设计、施工、试验和运行，应当符合国家标准或者电力行业标准。

第十六条 供电企业和用户对供电设施、受电设施进行建设和维护时，作业区域内的有关单位和个人应当给予协助，提供方便；因作业对建筑物或者农作物造成损坏的，应当依照有关法律、行政法规的规定负责修复或者给予合理的补偿。

第十七条 公用供电设施建成投产后，由供电单位统一维护管理。经电力管理部门批准，供电企业可以使用、改造、扩建该供电设施。

共用供电设施的维护管理，由产权单位协商确定，产权单位可自行维护管理，也可以委托供电企业维护管理。

用户专用的供电设施建成投产后，由用户维护管理或者委托供电企业维护管理。

第十八条 因建设需要，必须对已建成的供电设施进行迁移、改造或者采取防护措施时，建设单位应当事先与该供电设施管理单位协商，所需工程费用由建设单位负担。

第四章 电力供应

第十九条 用户受电端的供电质量应当符合国家标准或者电力行业标准。

第二十条 供电方式应当按照安全、可靠、经济、合理和便于管理的原则，由电力供应与使用双方根据国家有关规定以及电网规划、用电需求和当地供电条件等因素协商确定。

在公用供电设施未到达的地区，供电企业可以委托有供电能力的单位就近供电。非经供电企业委托，任何单位不得擅自向外供电。

第二十一条 因抢险救灾需要紧急供电时，供电企业必须尽速安排供电。所需工程费用和应付电费由有关地方人民政府有关部门从抢险救灾经费中支出，但是抗旱用电应当由用户交付电费。

第二十二条 用户对供电质量有特殊要求的，供电企业应当根据其必要性和电网的可能，提供相应的电力。

第二十三条 申请新装用电、临时用电、增加用电容量、变更用电和终止用电，均应当到当地供电企业办理手续，并按照国家有关规定交付费用；供电企业没有不予供电的合理理由的，应当供电。供电企业应当在其营业场所公告用电的程序、制度和收费标准。

第二十四条 供电企业应当按照国家标准或者电力行业标准参与用户受送电装置设计图纸的审核，对用户受送电装置隐蔽工程的施工过程实施监督，并在该受送电装置工程竣工后进行检验；检验合格的，方可投入使用。

第二十五条 供电企业应当按照国家有关规定实行分类电价、分时电价。

第二十六条 用户应当安装用电计量装置。用户使用的电力、电量，以计量检定机构依法认可的用电计量装置的记录为准。用电计量装置，应当安装在供电设施与受电设施的产权分界处。

安装在用户处的用电计量装置，由用户负责保护。

第二十七条 供电企业应当按照国家核准的电价和用电计量装置的记录，向用户计收电费。

用户应当按照国家批准的电价，并按照规定的期限、方式或者合同约定的办法，交付电费。

第二十八条　除本条例另有规定外，在发电、供电系统正常运行的情况下，供电企业应当连续向用户供电；因故需要停止供电时，应当按照下列要求事先通知用户或者进行公告：

（一）因供电设施计划检修需要停电时，供电企业应当提前7天通知用户或者进行公告；

（二）因供电设施临时检修需要停止供电时，供电企业应当提前24小时通知重要用户；

（三）因发电、供电系统发生故障需要停电、限电时，供电企业应当按照事先确定的限电序位进行停电或者限电。引起停电或者限电的原因消除后，供电企业应当尽快恢复供电。

第五章　电力使用

第二十九条　县级以上人民政府电力管理部门应当遵照国家产业政策，按照统筹兼顾、保证重点、择优供应的原则，做好计划用电工作。

供电企业和用户应当制订节约用电计划，推广和采用节约用电的新技术、新材料、新工艺、新设备，降低电能消耗。

供电企业和用户应当采用先进技术、采取科学管理措施，安全供电、用电，避免发生事故，维护公共安全。

第三十条　用户不得有下列危害供电、用电安全，扰乱正常供电、用电秩序的行为：

（一）擅自改变用电类别；

（二）擅自超过合同约定的容量用电；

（三）擅自超过计划分配的用电指标的；

（四）擅自使用已经在供电企业办理暂停使用手续的电力设备，或者擅自启用已经被供电企业查封的电力设备；

（五）擅自迁移、更动或者擅自操作供电企业的用电计量装置、电力负荷控制装置、供电设施以及约定由供电企业调度的用户受电设备；

（六）未经供电企业许可，擅自引入、供出电源或者将自备电源擅自并网。

第三十一条　禁止窃电行为。窃电行为包括：

（一）在供电企业的供电设施上，擅自接线用电；

（二）绕越供电企业的用电计量装置用电；

（三）伪造或者开启法定的或者授权的计量检定机构加封的用电计量装置封印用电；

（四）故意损坏供电企业用电计量装置；

（五）故意使供电企业的用电计量装置计量不准或者失效；

（六）采用其他方法窃电。

第六章　供用电合同

第三十二条　供电企业和用户应当在供电前根据用户需要和供电企业的供电能力签订供用电合同。

第三十三条　供用电合同应当具备以下条款：

（一）供电方式、供电质量和供电时间；

（二）用电容量和用电地址、用电性质；

（三）计量方式和电价、电费结算方式；

（四）供用电设施维护责任的划分；

（五）合同的有效期限；

（六）违约责任；

（七）双方共同认为应当约定的其他条款。

第三十四条 供电企业应当按照合同约定的数量、质量、时间、方式,合理调度和安全供电。

用户应当按照合同约定的数量、条件用电,交付电费和国家规定的其他费用。

第三十五条 供用电合同的变更或者解除,应当依照有关法律、行政法规和本条例的规定办理。

第七章 监督与管理

第三十六条 电力管理部门应当加强对供电、用电的监督和管理。供电、用电监督检查工作人员必须具备相应的条件。供电、用电监督检查工作人员执行公务时,应当出示证件。

供电、用电监督检查管理的具体办法,由国务院电力管理部门另行制定。

第三十七条 承装、承修、承试供电设施和受电设施的单位,必须经电力管理部门审核合格,取得电力管理部门颁发的《承装(修)电力设施许可证》。

第八章 法律责任

第三十八条 违反本条例规定，有下列行为之一的，由电力管理部门责令改正，没收违法所得，可以并处违法所得5倍以下的罚款：

（一）未按照规定取得《电力业务许可证》，从事电力供应业务的；

（二）擅自伸入或者跨越供电营业区供电的；

（三）擅自向外转供电的。

第三十九条 违反本条例第二十七条规定，逾期未交付电费的，供电企业可以从逾期之日起，每日按照电费总额的1‰至3‰加收违约金，具体比例由供用电双方在供用电合同中约定；自逾期之日起计算超过30日，经催交仍未交付电费的，供电企业可以按照国家规定的程序停止供电。

第四十条 违反本条例第三十条规定，违章用电的，供电企业可以根据违章事实和造成的后果追缴电费，并按照国务院电力管理部门的规定加收电费和国家规定的其他费用；情节严重的，可以按照国家规定的程序停止供电。

第四十一条 违反本条例第三十一条规定，盗窃电能的，由电力管理部门责令停止违法行为，追缴电费并处应交电费 5 倍以下的罚款；构成犯罪的，依法追究刑事责任。

第四十二条 供电企业或者用户违反供用电合同，给对方造成损失的，应当依法承担赔偿责任。

第四十三条 因电力运行事故给用户或者第三人造成损害的，供电企业应当依法承担赔偿责任。

因用户或者第三人的过错给供电企业或者其他用户造成损害的，该用户或者第三人应当依法承担赔偿责任。

第四十四条 供电企业职工违反规章制度造成供电事故的，或者滥用职权、利用职务之便谋取私利的，依法给予行政处分；构成犯罪的，依法追究刑事责任。

第九章　附　　则

第四十五条 本条例自 1996 年 9 月 1 日起施行。

供电营业规则

(2024年2月8日国家发展改革委令第14号公布　自2024年6月1日起施行)

第一章　总　　则

第一条　为加强供电营业管理，建立正常的供电营业秩序，保障供用双方的合法权益，依照《电力供应与使用条例》和国家有关规定，制定本规则。

第二条　供电企业和用户在进行电力供应与使用活动中，应当遵守本规则的规定。

第三条　供电企业和用户应当遵守国家有关规定，服从电网统一调度。

第四条　供电企业应当无歧视地向用户提供供电服务并按照电力体制改革的要求和电力市场交易规则履行相应的服务责任。

第五条 供电企业应当按照国家信息公开有关规定，主动公开与供用电相关的政策制度、服务标准、投诉或监督渠道等信息。

本规则应当通过供电企业的供电营业场所及各类线上服务渠道公开，供用户查阅。

第二章 供电方式

第六条 供电企业供电的额定频率为交流 50 赫兹。

第七条 供电企业供电的额定电压：

（一）低压供电：单相为 220 伏，三相三线为 380 伏，三相四线为 380/220 伏；

（二）高压供电：为 10（6、20）、35、110（66）、220（330）千伏。

用户需要的电压等级不在上列范围时，应当自行采取变压措施解决。

用户需要的电压等级在 110 千伏以上时，其受电装置应当作为终端变电站设计。

第八条 供电企业对申请用电的用户提供的供电方式，应当从供用电的安全、经济、合理和便于运维管理出发，依据国家有关政策规定、电网规划、用电需求以及当地供电条件等因素，进行技术经济比较，与用户协商确定。由地方政府投资建设供电设施的，供电企业应当就供电方式与地方政府协商确定。

第九条 用户单相用电设备总容量 12 千瓦以下的可以采用低压 220 伏供电，但有单台设备容量超过 1 千瓦的单相电焊机、换流设备时，用户应当采取有效的技术措施以消除对电能质量的影响，否则应当改为其他方式供电。

第十条 用户用电设备总容量 160 千瓦以下的，可以采用低压三相制供电，特殊情况也可以采用高压供电。

第十一条 符合国家政策要求的，对距离发电厂较近的用户可以采用发电厂直配供电方式，但不得以发电厂的厂用电源或变电站（所）的站用电源对用户供电。

第十二条 供电企业应当根据用户重要等级和负荷性质，按照国家及行业标准提供供电电源。

用户应当按照国家及行业标准配置自备应急电

源，采取非电性质应急安全保护措施。

第十三条 新建居住区供电方式应当符合国家相关政策要求及技术标准。

新建居住区居民住宅供电设施应当按照一户一表标准进行建设。

新建居住区的固定车位应当按照规定建设充电基础设施或预留安装条件，满足直接装表接电要求。居民自用充电桩用电按照国家相关政策要求及技术标准配置。

第十四条 对基建工地、农田水利、市政建设等非永久性用电，可以供给临时电源。临时用电期限一般不得超过三年，如需办理延期的，应当在到期前向供电企业提出申请；逾期不办理延期或永久性正式用电手续的，供电企业应当终止供电。

使用临时电源的用户不得向外转供电，不得私自改变用电类别，供电企业不受理除更名、过户、销户、变更交费方式及联系人信息以外的变更业务。临时用电不得作为正式用电使用，如需改为正式用电，应当按照新装用电办理。

因突发事件需要紧急供电时，供电企业应当迅速组织力量，架设临时电源供电。架设临时电源所需的工程费用和应付的电费，由地方人民政府有关部门负责拨付。

第十五条 供电企业一般不采用趸售方式供电。特殊情况需开放趸售供电时，应当由省级电力管理部门批准。

趸购转售电单位应当服从电网的统一调度，按照规定的电价向用户售电，不得再层层趸售。

电网经营企业与趸购转售电单位应当就趸购转售事宜签订供用电合同，明确双方的权利和义务。

趸购转售电单位需新装或增加趸购容量时，应当按照本规则的规定办理新装增容手续。

第十六条 用户不得自行转供电。在公用供电设施尚未到达的地区，供电企业征得该地区有供电能力的直供用户同意，可以采用委托方式向其附近的用户转供电力，但不得委托重要的国防军工用户转供电。

委托转供电应当遵守下列规定：

（一）供电企业与委托转供户（简称转供户）应当就转供范围、转供容量、转供期限、转供费用、计量方式、电费计算、转供电设施建设、产权划分、运行维护、调度通信、违约责任等事项签订协议；

（二）转供区域内的用户（简称被转供户），视同供电企业的直供户，与直供户享有同样的用电权利，其一切用电事宜按照直供户的规定办理；

（三）向被转供户供电的公用线路与变压器的损耗电量应当由供电企业负担，不得摊入被转供户用电量中；

（四）在计算转供户用电量、最大需量及功率因数调整电费时，应当扣除被转供户、公用线路与变压器消耗的有功、无功电量。最大需量按照下列规定折算：

1. 照明及一班制：每月用电量 180 千瓦时，折合为 1 千瓦；

2. 二班制：每月用电量 360 千瓦时，折合为 1 千瓦；

3. 三班制：每月用电量 540 千瓦时，折合为 1 千瓦；

4. 农业用电：每月用电量 270 千瓦时，折合为 1 千瓦。

（五）委托的费用，按照委托的业务项目的多少，由双方协商确定。

第十七条　非电网供电主体对具备表计条件的终端用户，应当按照政府规定的电价政策执行，不得在终端用户的电费中加收物业公共部位、共用设施和配套设施的运行维护费等费用。

本条所指非电网供电，是指在公用供电设施已到达的地区，非电网供电主体将用电地址内配用电设施向供电企业申请整体报装并建立供用电关系，再由其通过内部配电设施向内部终端用户供电的情形。

第十八条　用户应当将重要负荷与非重要负荷、生产用电与生活区用电分开配电。

新装或增加用电的用户应当按照上述规定确定内部的配电方式，对目前尚未达到上述要求的用户应当逐步改造。

第三章　新装、增容与变更用电

第十九条　任何单位或个人需新装用电或增加用电容量（简称增容）、变更用电都应当按照本规则规定，通过供电企业供电营业场所或线上服务渠道提出申请，办理手续。

供电企业应当在供电营业场所及各类线上服务渠道公开办理各项用电业务的程序、制度和收费标准。

第二十条　供电企业的供电营业机构统一归口办理用户的新装、增容用电，包括业务受理、供电方案答复、设计审查、中间检查、竣工检验、装表接电等环节。

第二十一条　用户申请新装或增容时，应当向供电企业提供以下申请资料：

（一）低压用户需提供用电人有效身份证件、用电地址物权证件，居民自用充电桩需按照国家有关规定提供相关材料；

（二）高压用户需提供用电人有效身份证件、用电地址物权证件、用电工程项目批准文件、用电设备清单，国家政策另有规定的，按照相关规定执行。

供电企业采用转移负荷或分流改造等方式后仍然存在供电能力不足或政府规定限制的用电项目，供电企业可以通知用户暂缓办理。

第二十二条　供电企业对已受理的用电申请，应当尽快确定供电方案，在下列期限内正式书面通知用户：

低压用户不超过三个工作日，高压单电源用户不超过十个工作日，高压双电源用户不超过二十个工作日。若不能如期确定供电方案时，供电企业应当向用户说明原因。用户对供电企业答复的供电方案有不同意见时，应当在一个月内提出意见，双方可以再行协商确定。用户应当根据确定的供电方案进行受电工程设计。

第二十三条　高压供电方案的有效期为一年，低压供电方案的有效期为三个月。用户应当在有效期内依据供电方案开工建设受电工程，逾期不开工的，供电方案失效。

用户遇有特殊情况，需延长供电方案有效期的，应当在有效期到期前十日向供电企业提出申请，供电企业应当视情况予以办理延长手续，但延长时间不得超过前款规定期限。

第二十四条　有下列情形之一的，为变更用电：

（一）停止部分或全部受电设施用电容量的（简称减容）；

（二）临时更换其他容量变压器的（简称暂换）；

（三）迁移受电设施用电地址的（简称迁址）；

（四）移动电能计量装置安装位置的（简称移表）；

（五）暂时停止全部用电并拆表的（简称暂拆）；

（六）用电地址物权变化引起用电人变更的（简称过户）；

（七）变更用户名称的（简称更名）；

（八）一户分立为两户以上用户的（简称分户）；

（九）两户以上用户合并为一户的（简称并户）；

（十）终止供用电关系的（简称销户）；

（十一）改变供电电压等级的（简称改压）；

（十二）改变电价类别、用电类别等计价计费信息的（简称改类）；

（十三）改变行业分类、交费方式、银行账号、增值税信息、联系人信息等基础档案信息的（简称其它变更）。

用户需办理变更用电业务时，应当到供电企业供电营业场所或通过线上服务渠道办理申请手续，必要时应当办理变更供用电合同。用户之间存在用电纠纷的，应当妥善处理后再行申请办理变更用电业务。

第二十五条　用户减容分为永久性减容和非永久性减容，须向供电企业提出申请。供电企业应当按照下列规定办理：

（一）高低压用户均可以办理减容业务，自减容之日起，按照减容后的容量执行相应电价政策；高压供电的用户，减容应当是整台或整组变压器（含不通过受电变压器的高压电动机）的停止或更换小容量变压器用电，根据用户申请的减容日期，对非永久性减容的用户设备进行加封，对永久性减容的用户受电设备拆除电气连接；

（二）申请非永久性减容的，减容次数不受限制，每次减容时长不得少于十五日，最长不得超过两年；两年内恢复的按照减容恢复办理，超过两年的应当按照新装或增容办理；

（三）用户申请恢复用电时，容（需）量电费从减容恢复之日起按照恢复后的容（需）量计收；实际减容时长少于十五日的，停用期间容（需）量电费正常收取；非永久性减容期满后用户未申请恢复的，供电企业可以延长减容期限，但距用户申请非永久性减容时间最多不超过两年，超过两年仍未申请恢复的，按照永久性减容办理；

（四）申请永久性减容的，应当按照减容后的容量重新签订供用电合同；永久性减少全部用电容量的，按照销户办理；办理永久性减容后需恢复用电容量的，按照新装或增容办理。

第二十六条 用户暂换（因受电变压器故障而无相同容量变压器替代，需要临时更换其他容量变压器），应当在更换前向供电企业提出申请。供电企业应当按照下列规定办理：

（一）应当在原受电地点内整台暂换受电变压器；

（二）暂换变压器的使用时间，10（6、20）千伏以下的不得超过两个月，35千伏以上的不得超过三个月，逾期不办理手续的，供电企业可以中止供电；

（三）暂换和暂换恢复的变压器经检验合格后才能投入运行；

（四）两部制电价用户须在暂换之日起，按照替换后的变压器容量计收容（需）量电费。

第二十七条 用户迁址，应当向供电企业提出申请。供电企业应当按照下列规定办理：

（一）原址按照终止用电办理，供电企业予以销户。新址用电优先受理；

（二）迁移后的新址不在原供电点供电的，新址用电按照新装用电办理；

（三）迁移后的新址仍在原供电点，但新址用电容量超过原址用电容量的，超过部分按照增容办理；新址用电引起的用户产权范围内工程费用由用户负担；

（四）私自迁移用电地址用电的，除按照本规则第一百零一条第四项处理外，自迁新址不论是否引起供电点变动，一律按照新装用电办理。

第二十八条 用户移表（因修缮房屋或其他原因需要移动电能计量装置安装位置），应当向供电企业提出申请。供电企业应当按照下列规定办理：

（一）在用电地址、用电容量、用电类别、供电点等不变情况下，可以办理移表手续；

（二）移表所需的用户产权范围内工程费用由用户负担；

（三）用户不论何种原因，不得自行移动表位，否则，可以按照本规则第一百零一条第四项处理。

第二十九条 用户暂拆（因修缮房屋等原因需要暂时停止用电并拆表），应当向供电企业提出申请。

供电企业应当按照下列规定办理：

（一）用户暂拆应当停止全部用电容量的使用并与供电企业结清电费；

（二）用户办理暂拆手续后，供电企业应当在五个工作日内执行暂拆；

（三）暂拆时间最长不得超过一年；暂拆期间，供电企业保留该用户原容量的使用权；

（四）暂拆原因消除，用户要求复装接电时，须向供电企业办理复装接电手续；上述手续完成后，供电企业应当在五个工作日内为该用户复装接电；

（五）超过暂拆规定时间要求复装接电的，按照新装办理。

第三十条　用户过户，应当持有关证明向供电企业提出申请。供电企业应当按照下列规定办理：

（一）在用电地址、用电容量不变条件下，可以办理过户；

（二）原用户应当与供电企业结清债务，才能解除原供用电关系；

（三）不申请办理过户手续而私自过户的，新用户应当承担原用户所负债务；供电企业发现用户私自过户时，供电企业应当通知该户补办手续，必要时可以中止供电。

第三十一条 用户更名，应当向供电企业提出申请。在用户用电主体、用电地址、用电容量、用电类别不变条件下，供电企业应当办理更名。

第三十二条 用户分户，应当持有关证明向供电企业提出申请。供电企业应当按照下列规定办理：

（一）在用电地址、供电点、用电容量不变，且其受电装置具备分装的条件时，可以办理分户；

（二）分立后的用户按照地址均应当具有独立的不动产权属；

（三）在原用户与供电企业结清债务的情况下，再办理分户手续；

（四）分立后的新用户应当与供电企业重新建立供用电关系；

（五）原用户的用电容量由分户者自行协商分割，需要增容的，分户后另行向供电企业办理增容手续；

（六）分户引起的用户产权范围内工程费用由分户者负担；

（七）分户后受电装置应当经供电企业检验合格，由供电企业分别装表计费。

第三十三条　用户并户，应当持有关证明向供电企业提出申请。供电企业应当按照下列规定办理：

（一）在同一供电点、同一用电地址的相邻两个以上用户允许办理并户；

（二）原用户应当在并户前与供电企业结清债务；

（三）新用户用电容量不得超过并户前各户容量之和；

（四）并户引起的用户产权范围内工程费用由并户者负担；

（五）并户受电装置应当经供电企业检验合格，由供电企业重新装表计费。

第三十四条　用户销户，应当向供电企业提出申请。供电企业应当按照下列规定办理：

（一）销户应当停止全部用电容量的使用；

（二）供用电双方结清电费；

（三）查验电能计量装置完好性后，拆除接户线和电能计量装置。

办完上述事宜，即完成销户，解除供用电关系。

第三十五条　用户连续六个月不用电,且经现场确认不具备继续用电条件或存在安全用电隐患的,供电企业应当向用户进行告知,或公告一个月后予以销户。用户需再用电时,按照新装用电办理。

第三十六条　用户改压（因用户原因需要在原址改变供电电压等级）,应当向供电企业提出申请。供电企业应当按照下列规定办理：

（一）改变电压等级供电,超过原容量者,超过部分按照增容办理；

（二）改压引起的用户产权范围内工程费用由用户负担。

由于供电企业的原因引起用户供电电压等级变化的,改压引起的用户产权范围外工程费用由供电企业负担。

第三十七条　用户改类,应当向供电企业提出申请。供电企业应当按照下列规定办理：

（一）在同一受电设施内,因电力用途发生变化而引起电价类别、用电类别变化的,应当办理改类手续；

（二）用户根据国家电价政策的规定,申请两部制电价、分时电价、阶梯电价等电价变更的,应当办理改类手续；

（三）擅自改变用电类别的，按照本规则第一百零一条第一项处理。

第三十八条 用户改变行业分类、交费方式、银行账号、增值税信息、用电地名（地理位置不变）、联系人信息等基础档案信息的，须向供电企业提出办理其它变更申请。供电企业发现用户档案信息与实际不符须进行变更的，用户应当配合。

因行业分类变化导致用电类别变化的，按照改类办理。

第三十九条 用户依法破产后，供电企业应当按照下列规定办理：

（一）用户进行工商注销的，供电企业应当予以销户；

（二）终止供电仍需在破产用户原址上用电的，按照新装用电办理。

第四章 供受电设施建设与维护管理

第四十条 用户受电设施的建设与改造应当符合

城乡电网建设与改造规划。对规划中安排的线路走廊和变电站建设用地,应当优先满足公用供电设施建设的需要,确保土地和空间资源得到有效利用。

第四十一条 用户新装、增装或改装受电工程的设计安装、试验与运行应当符合国家有关标准;国家尚未制定标准的,应当符合电力行业标准;国家和电力行业尚未制定标准的,应当符合省(自治区、直辖市)电力管理部门的规定和规程。

第四十二条 新建居民住宅小区供电设施应当按照国家相关政策要求及技术标准进行建设。其中:

(一)高层小区一级负荷应当采用双重电源供电;特级负荷除双重电源供电外,还应增设应急电源供电,并严禁将其它负荷接入应急供电系统;二级负荷宜采用双回线路供电;

(二)新建居民住宅小区应当合理规划确定配用电设施位置,满足防洪防涝相关要求,设置应急移动电源接口。

第四十三条 高压供电的用户应当提供设计单位资质证明材料、受电工程设计及说明书,一式两份送交供电企业。其中受电工程设计及说明书应当包括:

（一）用电负荷分布图；

（二）负荷组成、性质及保安负荷；

（三）主要电气设备一览表；

（四）影响电能质量的用电设备清单；

（五）节能篇及主要生产设备、生产工艺耗电以及允许中断供电时间；

（六）高压受电设施一、二次接线图与平面布置图；

（七）用电功率因数计算及无功补偿方式；

（八）继电保护、过电压保护及电能计量装置的方式；

（九）隐蔽工程设计资料；

（十）配电网络布置图；

（十一）自备应急电源及接线方式。

低压供电的用户无需提供设计相关资料。

第四十四条　供电企业对重要电力用户、居民住宅小区送审的受电工程设计文件和有关资料，应当根据本规则的有关规定进行审核，单次审核时间不超过三个工作日，审核意见应当以书面形式连同审核过的一份受电工程设计文件和有关资料一并退还用户，以便用户据以施工。用户若更改审核后的设计文件,应当将变更后的设计再送供电企业复核。

重要电力用户、居民住宅小区受电工程的设计文件,未经供电企业审核同意,用户不得据以施工,否则,供电企业可以不予检验和接电。

不实行设计审查的高压用户,在竣工检验时提交设计单位资质证明材料、受电工程设计及说明书。

第四十五条 无功电力应当就地平衡。用户应当在提高用电自然功率因数的基础上,按照有关标准设计和安装无功补偿设备,并做到随其负荷和电压变动及时投入或切除,防止无功电力倒送。除电网有特殊要求的用户外,用户在当地供电企业规定的电网高峰负荷时的功率因数,应当达到下列规定:

(一) 100千伏安以上高压供电的用户功率因数为0.90以上;

(二) 其他用户和大、中型电力排灌站、趸购转售电企业,功率因数为0.85以上;

(三) 农业用电,功率因数为0.80。

凡功率因数不能达到上述规定的新用户,供电企业可以拒绝接电。对已送电的用户,供电企业应当督促和帮助用户采取措施，提高功率因数。对在规定期限内仍未采取措施达到上述要求的用户，供电企业可以中止或限制供电。功率因数调整电费办法按照国家规定执行。

第四十六条　重要电力用户、居民住宅小区受电工程施工期间，供电企业应当根据审核同意的设计和有关施工标准，对用户受电工程中的隐蔽工程进行中间检查。如有不符合规定的，一次性向用户提出书面意见。用户应当按照设计和施工标准予以改正。单次检查时间不超过两个工作日。不实行隐蔽工程中间检查的用户，在竣工检验时提交隐蔽工程施工、试验单位资质证明材料，施工及试验记录。

第四十七条　用户受电工程施工、试验完工后，应当向供电企业提出竣工检验申请，并提供工程竣工报告。报告应当包括：

（一）施工、试验单位资质证明材料；

（二）工程竣工图及说明；

（三）电气试验及保护整定调试记录；

（四）安全用具的试验报告；

（五）隐蔽工程的施工及试验记录；

（六）运行管理的有关规定和制度；

（七）值班人员名单及资格；

（八）供电企业认为必要的其他资料或记录。

供电企业接到用户的受电装置竣工报告及检验申请后，应当及时组织审核竣工资料，对投运后可能影响公共电网安全运行的涉网设备进行检验。对检验不合格的，供电企业应当一次性向用户提出书面意见。用户应当按照书面意见予以整改，直至合格。单次检验时间不超过三个工作日。检验合格后，供电企业应当与用户协商确定装表接电时间，装表接电时间不超过三个工作日。

第四十八条　公用路灯、交通信号灯是公用设施，应当由当地人民政府及有关管理部门投资建设，并负责维护管理和交纳电费等事项。供电企业可以接受地方有关部门的委托，代为设计、施工与维护管理公用路灯，并照章收取费用，具体事项由双方协商确定。

第四十九条　用户独资、合资或集资建设的供电设施建成后，其运行维护管理按照以下规定确定：

（一）属于公用性质或占用公用线路规划走廊

的，由供电企业统一管理；供电企业应当在交接前，与用户协商，就供电设施运行维护管理达成协议；对统一运行维护管理的公用供电设施，供电企业应当保留原所有者在上述协议中确认的容量；

（二）属于用户专用性质，但不在公用变电站内的供电设施，由用户运行维护管理；如用户运行维护管理确有困难，可以委托具有相应资质的企业代为运维管理，并签订协议；

（三）属于用户共用性质的供电设施，由拥有产权的用户共同运行维护管理；如用户共同运行维护管理确有困难，可以委托具有相应资质的企业代为运维管理，并签订协议；

（四）在公用变电站内由用户投资建设的供电设备，如变压器、通信设备、开关、刀闸等，由供电企业统一运维管理；建成投运前，双方应当就运行维护、检修、备品备件等项事宜签订交接协议；

（五）属于临时用电等其他性质的供电设施，原则上由产权所有者运行维护管理，或由双方协商确定，并签订协议。

第五十条 供电设施的运行维护管理范围，按照产权归属确定。产权归属不明确的，责任分界点按照下列各项确定：

（一）公用低压线路供电的，以电能表前的供电接户线用户端最后支持物为分界点，支持物属供电企业；

（二）10（6、20）千伏以下公用高压线路供电的，以用户厂界外或配电室前的第一断路器或第一支持物为分界点，第一断路器或第一支持物属供电企业；

（三）35千伏以上公用高压线路供电的，以用户厂界外或用户变电站外第一基电杆为分界点，第一基电杆属供电企业；

（四）采用电缆供电的，本着便于维护管理的原则，分界点由供电企业与用户协商确定；

（五）产权属于用户且由用户运行维护的线路，以公用线路分支杆或专用线路接引的公用变电站外第一基电杆为分界点，专用线路第一基电杆属用户。

在电气上的具体分界点，由供用双方协商确定。

第五十一条 供电企业和用户分工维护管理的供电和受电设备，除另有约定者外，未经管辖单位同意，对方不得操作或更动；如因紧急事故必须操作或更动者，事后应当迅速通知管辖单位。

第五十二条 由于工程施工或线路维护的需要，供电企业须在用户处凿墙、挖沟、掘坑、巡线等作业时，应当征得用户同意，用户应当给予方便，供电企业应当遵守用户的有关安全保卫制度。用户到供电企业维护的电力设施保护范围和保护区作业时，须经县级以上地方政府电力管理部门批准，并按照要求采取安全措施后，在供电企业人员监护下工作。作业完工后，双方均应当及时予以修复。

第五十三条 因建设引起建筑物、构筑物与供电设施相互妨碍，需要迁移供电设施或采取防护措施时，应当按照建设先后的原则，确定其担负的责任。如供电设施建设在先，建筑物、构筑物建设在后，由后续建设单位负担供电设施迁移、防护所需的费用；如建筑物、构筑物建设在先，供电设施建设在后，由供电设施建设单位负担建筑物、构筑物迁移所需的费用；不能确定建设先后的，由双方协商解决。

供电企业需要迁移用户或其他供电企业的设施时，参照上述原则办理。

城乡建设与改造需迁移供电设施时，供电企业和用户都应当积极配合，迁移所需的材料和费用，应当在城乡建设与改造投资中解决。

第五十四条　供电设施产权所有者对在供电设施上发生的事故承担法律责任，但法律法规另有规定的除外。

第五章　供电质量与安全供用电

第五十五条　供电企业和用户都应当加强供电和用电的运行管理，切实执行国家和电力行业制定的有关安全供用电的规程制度。用户执行其上级主管机关颁发的电气规程制度，除特殊专用的设备外，如与电力行业标准或规定有矛盾时，应当以国家和电力行业标准或规定为准。供电企业和用户在必要时应当制定本单位的现场规程。

第五十六条　在电力系统正常状况下，供电频率的允许偏差为：

（一）电网装机容量在300万千瓦以上的，为±0.2赫兹；

（二）电网装机容量不足300万千瓦的，为±0.5

赫兹。

在电力系统非正常状况下，供电频率允许偏差不应超过±1.0赫兹。

第五十七条 在电力系统正常状况下，供电企业供到用户受电端的供电电压允许偏差为：

（一）35千伏以上电压供电的，电压正、负偏差的绝对值之和不超过额定值的10%；

（二）10（6、20）千伏以下三相供电的，为额定值的±7%；

（三）220伏单相供电的，为额定值的+7%、-10%。

在电力系统非正常状况下，用户受电端的电压最大允许偏差不应超过额定值的±10%。用户用电功率因数达不到本规则第四十五条规定的，其受电端的电压偏差不受此限制。

第五十八条 电网公共连接点电压正弦波畸变率和用户注入电网的谐波电流不得超过国家标准的规定。用户的非线性阻抗特性的用电设备接入电网运行所注入电网的谐波电流和引起公共连接点电压正弦波畸变率超过标准时，用户应当采取措施予以消除。否则，供电企业可以中止对其供电。

第五十九条　用户的冲击负荷、波动负荷、非对称负荷对供电质量产生影响或对安全运行构成干扰和妨碍时，用户应当采取措施予以消除。如不采取措施或采取措施不力，达不到国家标准规定的要求时，供电企业可以中止对其供电。

第六十条　供电企业应当不断改善供电可靠性，减少设备检修和电力系统事故对用户的停电次数及每次停电持续时间。供用电设备计划检修应当做到统一安排。供电设备计划检修时，对35千伏以上电压供电的用户的停电次数，每年不应超过一次；对10（6、20）千伏供电的用户，每年不应超过三次。

第六十一条　供电企业和用户应当共同加强电能质量管理。对电能质量有异议的可以由具有相应资质的技术检测机构进行技术判断。

第六十二条　供电企业和用户的供用电设备计划检修应当相互配合，尽量做到统一检修。用电负荷较大，开停对电网有影响的设备，其停开时间，用户应当提前与供电企业联系。

遇有紧急检修需停电时，供电企业应当按照规定提前通知重要用户，用户应当予以配合；事故断电，应当尽快修复。

第六十三条　供电企业应当根据电力系统情况和电力负荷的重要性，编制事故限电序位方案，并按照有关规定程序报批后执行。

第六十四条　用户应当定期进行电气设备和保护装置的检查、检修和试验，消除设备隐患，预防电气设备事故和误动作发生。

用户电气设备危及人身和运行安全时，应当立即检修。

多路电源供电的用户应当加装连锁装置，或按照供用双方签订的协议进行调度操作。

第六十五条　用户发生用电事故，应当按照法律法规规定向地方政府有关部门报告，供电企业应当协助有关部门开展调查。发生下列事故的，还应当同时告知供电企业：

（一）人身触电死亡；

（二）导致电力系统停电；

（三）专线掉闸或全厂停电；

（四）电气火灾；

（五）重要或大型电气设备损坏；

（六）停电期间向电力系统倒送电。

第六十六条 用户受电侧的继电保护装置、安全自动装置应当与电力系统的继电保护方式相互配合，并按照国家及行业有关标准或规程进行整定和检验。由供电企业整定、加封的继电保护装置及其二次回路和供电企业规定的继电保护整定值，用户不得擅自变动。

第六十七条 承装、承修、承试受电工程的单位，应当取得《承装（修、试）电力设施许可证》。

第六十八条 供电企业和用户应当经常开展安全供用电宣传教育，普及安全用电常识。

第六十九条 在发供电系统正常情况下，供电企业应当连续向用户供应电力。

有下列情形之一的，可以按照规定的程序中止供电：

（一）危害供用电安全，扰乱供用电秩序的；

（二）逾期未交付电费超过三十日，经催交在合理期限内仍未交付的；

（三）受电装置经检验不合格，在指定期间未改善的；

（四）用户注入电网的谐波电流超过标准，以及冲击负荷、非对称负荷等对电能质量产生干扰与妨碍，在规定限期内不采取措施的；

（五）拒不在限期内拆除私增用电容量的；

（六）拒不在限期内交付违约用电引起的费用的；

（七）违反安全用电、有序用电有关规定，拒不改正的；

（八）私自向外转供电力的。

有下列情形之一的，可立即中止供电：

（一）发生不可抗力和紧急避险的；

（二）发现确有窃电行为并已告知将中止供电的。

第七十条　除因故需要中止供电和可以立即中止供电的情形外，供电企业需对用户停止供电时，应当按照下列程序办理：

（一）在停电前三至七日内，将停电通知书送达用户，对重要用户的停电，应当将停电通知书报送同级电力管理部门；

（二）在停电前三十分钟，将停电时间再通知用户一次，方可在通知规定时间实施停电。

第七十一条　因故需要中止供电时，供电企业应当按照下列要求事先通知用户或公告：

（一）因供电设施计划检修需要停电时，应当提前七日通知用户或公告；

（二）因供电设施临时检修需要停止供电时，应当提前二十四小时通知重要用户或公告；

（三）发供电系统发生故障需要停电、限电或者计划限、停电时，供电企业应当按照批准的有序用电方案或限电序位执行，有序用电方案或限电序位应当事前公告用户。

第七十二条 引起停电或限电的原因消除后，供电企业应当在二十四小时内恢复供电。不能在二十四小时内恢复供电的，供电企业应当向用户说明原因。

第六章 电能计量与电费结算

第七十三条 供电企业应当在用户每一个受电点内按照不同电价类别，分别安装电能计量装置，每个受电点作为用户的一个计费单位。用户为满足内部核算的需要，可以自行在其内部装设考核能耗用的电能表，但该表所示读数不得作为供电企业计费依据。

第七十四条　在用户受电点内难以按照电价类别分别装设电能计量装置时，可以装设总的电能计量装置，然后按其不同电价类别的用电设备容量的比例或实际可能的用电量，确定不同电价类别用电量的比例或定量进行分算，分别计价。供电企业每年至少对上述比例或定量核定一次，用户不得拒绝。

第七十五条　电能计量装置包括计费电能表（有功、无功电能表及最大需量表）和电压、电流互感器及二次连接导线。计费电能表及附件的购置、安装、移动、更换、检验、拆除、加封及表计接线等，均由供电企业负责办理，用户应当提供工作上的方便。

供电企业不得违反国家有关规定向用户收取电能计量装置费用。高压用户的成套设备中装有自备互感器时，经供电企业检验合格并加封，可以作为计费互感器。

供电企业在新装、换装及现场校验后应当对电能计量装置加封，并请用户在工作凭证上签章。

第七十六条　对10（6、20）千伏以下电压供电的用户，应当配置专用的电能计量柜（箱）；对35千伏以上电压供电的用户，应当有专用的电流互感器二次线圈和专用的电压互感器二次连接线,并不得与保护、测量回路共用。电压互感器专用回路的电压降不得超过允许值。超过允许值时,应当予以改造或采取必要的技术措施予以更正。

第七十七条 电能计量装置原则上应当装在供电设施的产权分界处。如产权分界处不适宜装表的,对专线供电的高压用户,可以在供电变压器出口装表计量;对公用线路供电的高压用户,可以在用户受电装置的低压侧计量。当电能计量装置不安装在产权分界处时,线路与变压器损耗的有功与无功电量均须由产权所有者负担。在计算用户容(需)量电费(按照最大需量计收时)、电度电费及功率因数调整电费时,应当将上述损耗电量计算在内。

第七十八条 城镇居民用电一般应当实行一户一表。因特殊原因不能实行一户一表计费时,供电企业可以根据其容量按照公安门牌或楼门单元、楼层安装共用的计费电能表,居民用户不得拒绝合用。共用计费电能表内的各用户,可以自行装设分户电能表,自行分算电费,供电企业在技术上予以指导。

第七十九条 临时用电的用户,应当安装电能计量装置。对不具备安装条件的，可以按照其用电容量、使用时间、规定的电价计收电费。

第八十条 安装在用户处的电能计量装置、电能信息采集装置，用户应当妥为保护，不得存在妨碍抄表、运行维护或者影响计量准确、安全和数据传输的行为。如发生计费电能表丢失、损坏或过负荷烧坏等情况，用户应当及时告知供电企业，以便供电企业采取措施。如因用户原因引起的，用户应当负担赔偿费或修理费；其他原因引起的，供电企业应当负责换表，不收费用。

第八十一条 供电企业应当按照规定的周期校验、轮换计费电能表，并对计费电能表进行不定期检查。发现计量失常时，应当查明原因。电能表运行出现问题的，应当更换。

用户认为供电企业装设的计费电能表不准时，有权向供电企业提出校验申请，供电企业受理申请后，应当在五个工作日内检验，并将检验结果通知用户。如计费电能表的误差超出允许范围时，供电企业应当按照本规则第八十二条规定退补电费。用户对检验结果有异议时，可以向有资质的计量检定机构申请检定。用户在申请验表期间，其电费仍应当按期交纳，验表结果确认后，再行退补电费。

第八十二条 由于计费计量互感器、电能表的误差及其连接线电压降超出允许范围或者其他非人为原因致使计量记录不准时，供电企业应当按照下列规定退补相应电量的电费：

（一）互感器或者电能表误差超出允许范围时，以"0"误差为基准，按照验证后的误差值退补电量；退补时间以误差发生之日起至误差更正之日止计算；时间无法确定的，从上次校验或者换装后投入之日起至误差更正之日止的二分之一时间计算；

（二）连接线的电压降超出允许范围时，以允许电压降为基准，按照验证后实际值与允许值之差退补电量；退补时间从连接线投入或负荷增加之日起至电压降更正之日止；

（三）其他非人为原因致使计量记录不准时，以考核能耗用的计量装置或者其它电能量测量装置记录为基准计算；无上述装置的，以用户正常月份用电量为基准计算；退补时间按照电能计量装置运行数据确定。

退补期间，用户先按照抄见电量如期交纳电费，误差确定后，再行退补。

第八十三条 电能计量装置接线错误、互感器故障、倍率不符等原因，使电能计量或者计算出现差错时，供电企业应当退补从差错发生之日起至差错更正之日止相应电量的电费，并按照下列规定执行：

（一）计算电量的倍率或铭牌倍率与实际不符的，以实际倍率为基准，按照正确与错误倍率的差值退补电量；退补时间无法确定的，以抄表记录为准确定；

（二）因计费电能计量装置接线错误、互感器故障的，以考核能耗用的电能计量装置或者其它电能量测量装置记录为基准计算，无上述装置的，可以按照以下方法计算：

1. 计费电能计量装置接线错误的，以其实际记录的电量为基数，按照正确与错误接线的差额率退补电量；退补时间无法确定的，从上次校验或换装投入之日起至接线错误更正之日止；

2. 互感器故障的，按照电工理论计算方法确定的差额率计算退补电量；无法计算的，以用户正常月份用电量为基准，按照正常月与故障月的差额计算退补电量。

退补电量未正式确定前，用户先按照正常月用电量如期交纳电费。

第八十四条 供电企业应当依据电能计量装置的记录计算电费，按期向用户收取或通知用户按期交纳电费。供电企业可以与用户协商确定收取电费的方式。

用户应当按照双方约定的期限和交费方式交清电费，不得拖延或拒交电费。

第八十五条 供电企业应当在规定的日期抄录计费电能表读数，可以运用数字信息手段远程自动采集。

由于用户原因或远程采集异常，且无法如期抄录计费电能表读数的，可以通知用户待期补抄或暂按照前次用电量计收电费，待下次抄表时一并结清。

电力市场交易规则对电能计量有规定的，按照相关规定执行。

第八十六条 容（需）量电费以月计算，但新装、增容、变更与终止用电当月的容（需）量电费，应当按照实用天数计算，每日按照全月容（需）量电费除以当月日历天数收取，日用电不足二十四小时的，按照一天计算。事故停电、检修停电、有序用电不扣减容（需）量电费。

第八十七条 容（需）量电费按照变压器容量或最大需量计收，同一计费周期内用户可以选择其中一种。

以变压器容量计算容（需）量电费的用户，其备用的变压器（含不通过变压器的高压电动机），属冷备用状态并经供电企业加封的，不收容（需）量电费；属热备用状态的或未经加封的，不论使用与否都计收容（需）量电费。用户专门为调整用电功率因数的设备，如电容器、调相机等，不计收容（需）量电费。

在受电设施一次侧装有连锁装置互为备用的变压器（含不通过变压器的高压电动机），按照可能同时使用的变压器（含不通过变压器的高压电动机）容量之和的最大值计算其容（需）量电费。

以最大需量方式计收需量电费的用户，计收方式按照相关电价政策规定执行。

第八十八条 对月用电量较大的用户，供电企业可以按照用户月电费确定每月分若干次收费，并于抄表后结清当月电费。收费次数由供电企业与用户协商确定,一般每月不少于三次。对于银行划拨电费的,供电企业、用户、银行三方应当签订电费划拨和结清的协议书。

供用双方改变开户银行或账号时,应当及时通知对方。

第八十九条 临时用电用户未装电能计量装置的,供电企业应当根据其用电容量,按照双方约定的每日使用时数和使用期限预收全部电费。用电终止时,供电企业按照实际用电天数对预收电费进行清算。到约定期限时,应当终止供电。

第九十条 供电企业依法对用户终止供电时,双方应当结清全部电费和与供电业务相关的其他债务。否则,供电企业有权依法追缴。

第七章 并网电厂

第九十一条 在供电营业区内建设的各类发电厂,未经许可,不得从事电力供应业务。

并网运行的发电厂,应当在发电厂建设项目立项前，与并网的电网经营企业联系，就并网容量、发电时间、上网电价、上网电量等达成电力输送或电量购销意向性协议。

第九十二条 电网经营企业与并网发电厂应当根据国家法律、行政法规和有关规定，签订并网调度协议，并在并网发电前签订购售电合同或相关交易合同。

第九十三条 用户自备电厂应当自发自供厂区内的用电，自发自用有余的电量可以与供电企业签订购售电合同。

用户自备电厂应当公平承担发电企业社会责任、政府规定的基金和费用，在成为合格市场主体情况下，可以按照交易规则参与市场化交易。

第八章 供用电合同与违约责任

第九十四条 供电企业和用户应当在供电前，根据用户用电需求和供电企业的供电能力以及办理用电申请时双方已认可或协商一致的下列文件，签订供用电合同：

（一）用户的用电申请报告或用电申请书；

（二）供电企业答复的供电方案；

（三）用户受电装置施工竣工检验报告；

（四）其他双方事先约定的有关文件。

在签订供用电合同时，可以单独签订电费结算协议和电力调度协议等。

第九十五条 供用电合同应当采用纸质或电子合同签订，经双方协商同意的有关修改合同的文书、电报、电传和图表等也是合同的组成部分。

供用电合同书面形式可以分为标准格式和非标准格式两类。标准格式合同适用于供电方式简单、一般性用电需求的用户；非标准格式合同适用于供用电方式特殊的用户。

供电企业可以根据用电类别、用电容量、电压等级的不同，分类制定出适应不同类型用户需要的标准格式供用电合同。

第九十六条 供用电合同的变更或者解除，应当依法进行。

因国家法律法规或政策变化，影响供用电合同主要内容时，应当根据调整后的国家法律法规或政策执行。

第九十七条　供用电双方在合同中订有电力运行事故责任条款的，按照下列规定办理，双方另有约定的除外：

（一）由于供电企业电力运行事故造成用户停电时，供电企业应当按照用户在停电时间内可能用电量乘以当期同类用户平均电量电价的四倍（两部制电价为五倍）给予赔偿；用户在停电时间内可能用电量，按照停电前用户正常用电月份或正常用电一定天数内的每小时平均用电量乘以停电小时计算；

（二）由于用户责任造成供电企业对外停电时，用户应当按照供电企业对外停电时间少供电量，乘以上月供电企业平均售电单价给予赔偿；

因用户过错造成其他用户损害的，受害用户要求赔偿时，该用户应当依法承担赔偿责任；

虽因用户过错，但由于供电企业责任而使事故扩大造成其他用户损害的，该用户不承担事故扩大部分的赔偿责任；

（三）对停电责任的分析和停电时间及少供电量的计算，均按照供电企业的事故记录及有关规定办理；停电时间不足一小时按照一小时计算，超过一小时按照实际时间计算。

第九十八条 供用电双方在合同中订有电压质量责任条款的，按照下列规定办理，双方另有约定的除外：

（一）用户用电功率因数达到规定标准，而供电电压超出本规则规定的允许偏差，给用户造成损失的，供电企业应当按照用户每月在电压不合格的累计时间内所用的电量，乘以用户当月用电的平均电价的百分之二十给予赔偿；

（二）用户用电功率因数未达到规定标准或其他用户原因引起电压质量不合格的，供电企业不承担赔偿责任；

（三）电压偏差超出允许偏差的时间，以用户自备并经供电企业认可的电压自动记录仪表的记录为准，如用户未装此项仪表，则以供电企业的电压记录为准。

第九十九条 供用电双方在合同中订有频率质量责任条款的，按照下列规定办理，双方另有约定的除外：

（一）供电频率超出允许偏差，给用户造成损失的，供电企业应当按照用户每月在频率不合格的累计时间内所用的电量，乘以用户当月用电的平均电价的百分之二十给予赔偿；

（二）频率变动超出允许偏差的时间，以用户自备并经供电企业认可的频率自动记录仪表的记录为准，如用户未装此项仪表，则以供电企业的频率记录为准。

第一百条 用户在供电企业规定的期限内未交清电费时，应当承担电费滞纳的违约责任。电费违约金从逾期之日起计算至交纳日止。每日电费违约金按照下列规定计算，双方另有约定的除外：

（一）居民用户每日按照欠费总额的千分之一计算；

（二）其他用户：

1. 当年欠费部分，每日按照欠费总额的千分之二计算；

2. 跨日历年欠费部分，每日按照欠费总额的千分之三计算。

电费违约金收取总额按日累加计收。

第一百零一条 供电企业对用户危害供用电安全、扰乱正常供用电秩序等行为应当及时予以制止。

用户有下列行为的，应当承担相应的责任，双方另有约定的除外：

（一）在电价低的供电线路上，擅自接用电价高的用电设备或私自改变用电类别的，应当按照实际使用日期补交其差额电费，并承担不高于二倍差额电费的违约使用电费，使用起讫日期难以确定的，实际使用时间按照三个月计算；

（二）私增或更换电力设备导致超过合同约定的容量用电的，除应当拆除私增容设备或恢复原用电设备外，属于两部制电价的用户，应当补交私增设备容量使用天数的容（需）量电费，并承担不高于三倍私增容量容（需）量电费的违约使用电费；其他用户应当承担私增容量每千瓦（千伏安视同千瓦）五十元的违约使用电费，如用户要求继续使用者，按照新装增容办理；

（三）擅自使用已在供电企业办理减容、暂拆手续的电力设备或启用供电企业封存的电力设备的，应当停用违约使用的设备；属于两部制电价的用户，应当补交擅自使用或启用封存设备容量和使用天数的容（需）量电费，并承担不高于二倍补交容（需）量电费的违约使用电费；其他用户应当承担擅自使用或启用封存设备容量每次每千瓦（千伏安视同千瓦）三十元的违约使用电费，启用属于私增容被封存的设备的，违约使用者还应当承担本条第二项规定的违约责任；

（四）私自迁移、更动和擅自操作供电企业的电能计量装置、电能信息采集装置、电力负荷管理装置、供电设施以及约定由供电企业调度的用户受电设备者，属于居民用户的，应当承担每次五百元的违约使用电费；属于其他用户的，应当承担每次五千元的违约使用电费；

（五）未经供电企业同意，擅自引入（供出）电源或将备用电源和其他电源私自并网的，除当即拆除接线外，应当承担其引入（供出）或并网电源容量每千瓦（千伏安视同千瓦）五百元的违约使用电费。

第一百零二条 供电企业与用户签订的供用电合同相关违约责任条款，不得超出本规则规定的违约责任限度，不得擅自增加用户义务，减损用户权利。

第九章 窃电的制止与处理

第一百零三条 禁止窃电行为。窃电行为包括：

（一）在供电企业的供电设施上，擅自接线用电；

（二）绕越供电企业电能计量装置用电；

（三）伪造或者开启供电企业加封的电能计量装置封印用电；

（四）故意损坏供电企业电能计量装置；

（五）故意使供电企业电能计量装置不准或者失效；

（六）采用其他方法窃电。

第一百零四条 供电企业对查获的窃电者，应当予以制止并按照本规则规定程序中止供电。窃电用户应当按照所窃电量补交电费，并按照供用电合同的约定承担不高于应补交电费三倍的违约使用电费。拒绝承担窃电责任的，供电企业应当报请电力管理部门依法处理。窃电数额较大或情节严重的，供电企业应当提请司法机关依法追究刑事责任。

第一百零五条 能够查实用户窃电量的，按已查实的数额确定窃电量。窃电量不能查实的，按照下列方法确定：

（一）在供电企业的供电设施上，擅自接线用电或者绕越供电企业电能计量装置用电的，所窃电量按照私接设备额定容量（千伏安视同千瓦）乘以实际使用时间计算确定；

（二）以其他行为窃电的，所窃电量按照计费电能表标定电流值（对装有限流器的，按照限流器整定电流值）所指的容量（千伏安视同千瓦）乘以实际窃用的时间计算确定。

窃电时间无法查明时，窃电日数以一百八十天计算。每日窃电时长，电力用户按照十二小时计算、照明用户按照六小时计算。

第一百零六条 因违约用电或窃电造成供电企业的供电设施损坏的，责任者应当承担供电设施的修复费用或进行赔偿。

因违约用电或窃电导致他人财产、人身安全受到侵害的，受害人有权要求违约用电或窃电者停止侵害，赔偿损失。供电企业应予协助。

第一百零七条 供电企业对检举、查获窃电或违约用电的有关人员应当给予奖励。

第十章 附　　则

第一百零八条　电力行业协会推动制定供用电活动的国家标准和行业标准，推广供用电先进技术，促进技术进步和节能减排。

第一百零九条　本规则所称的"以上""以下""内""以内""提前""至少""不超过""不高于"，包括本数；所称的"不足""超出""超过""少于"，不包括本数。

第一百一十条　本规则自 2024 年 6 月 1 日起施行。1996 年 10 月 8 日原电力工业部发布的《供电营业规则》同时废止。

供电监管办法

(2009年11月26日电监会令第27号发布 根据2024年1月4日国家发展改革委令第11号修订)

第一章 总 则

第一条 为了加强供电监管，规范供电行为，维护供电市场秩序，保护电力使用者的合法权益和社会公共利益，根据《电力监管条例》和国家有关规定，制定本办法。

第二条 国家能源局依照本办法和国家有关规定，履行全国供电监管和行政执法职能。

国家能源局派出机构（以下简称派出机构）负责辖区内供电监管和行政执法工作。

第三条 供电监管应当依法进行，并遵循公开、公正和效率的原则。

第四条 供电企业应当依法从事供电业务，并接受国家能源局及其派出机构（以下简称电力监管机构）的监管。供电企业依法经营，其合法权益受法律保护。

本办法所称供电企业是指依法取得电力业务许可证、从事供电业务的企业。

第五条 任何单位和个人对供电企业违反本办法和国家有关供电监管规定的行为，有权向电力监管机构投诉和举报，电力监管机构应当依法处理。

第二章 监管内容

第六条 电力监管机构对供电企业的供电能力实施监管。

供电企业应当加强供电设施建设，具有能够满足其供电区域内用电需求的供电能力，保障供电设施的正常运行。

第七条 电力监管机构对供电企业的供电质量实施监管。

在电力系统正常的情况下，供电企业的供电质量应当符合下列规定：

（一）向用户提供的电能质量符合国家标准或者电力行业标准；

（二）城市地区年供电可靠率不低于99%，城市居民用户受电端电压合格率不低于95%，10千伏以上供电用户受电端电压合格率不低于98%；

（三）农村地区年供电可靠率和农村居民用户受电端电压合格率符合派出机构的规定。派出机构有关农村地区年供电可靠率和农村居民用户受电端电压合格率的规定，应当报国家能源局备案。

供电企业应当审核用电设施产生谐波、冲击负荷的情况，按照国家有关规定拒绝不符合规定的用电设施接入电网。用电设施产生谐波、冲击负荷影响供电质量或者干扰电力系统安全运行的，供电企业应当及时告知用户采取有效措施予以消除；用户不采取措施或者采取措施不力，产生的谐波、冲击负荷仍超过国家标准的，供电企业可以按照国家有关规定拒绝其接入电网或者中止供电。

第八条 电力监管机构对供电企业设置电压监测

点的情况实施监管。

供电企业应当按照下列规定选择电压监测点：

（一）35千伏专线供电用户和110千伏以上供电用户应当设置电压监测点；

（二）35千伏非专线供电用户或者66千伏供电用户、10（6、20）千伏供电用户，每10000千瓦负荷选择具有代表性的用户设置1个以上电压监测点，所选用户应当包括对供电质量有较高要求的重要电力用户和变电站10（6、20）千伏母线所带具有代表性线路的末端用户；

（三）低压供电用户，每百台配电变压器选择具有代表性的用户设置1个以上电压监测点，所选用户应当是重要电力用户和低压配电网的首末两端用户。

供电企业应当按照国家有关规定选择、安装、校验电压监测装置，监测和统计用户电压情况。监测数据和统计数据应当及时、真实、完整，并按照要求及时报送电力监管机构。

第九条 电力监管机构对供电企业保障供电安全的情况实施监管。

供电企业应当坚持安全第一、预防为主、综合治理的方针,遵守有关供电安全的法律、法规和规章,加强供电安全管理,建立、健全供电安全责任制度,完善安全供电条件,维护电力系统安全稳定运行,依法处置供电突发事件,保障电力稳定、可靠供应。

供电企业应当按照国家有关规定加强重要电力用户安全供电管理,指导重要电力用户配置和使用自备应急电源,建立自备应急电源基础档案数据库。

供电企业发现用电设施存在安全隐患,应当及时告知用户采取有效措施进行治理。用户应当按照国家有关规定消除用电设施安全隐患。用电设施存在严重威胁电力系统安全运行和人身安全的隐患,用户拒不治理的,供电企业可以按照国家有关规定对该用户中止供电。

第十条 电力监管机构对供电企业履行电力社会普遍服务义务的情况实施监管。

供电企业应当按照国家规定履行电力社会普遍服务义务,依法保障任何人能够按照国家规定的价格获得最基本的供电服务。

第十一条 电力监管机构对供电企业办理用电业务的情况实施监管。

供电企业应当按照国家规定的流程、时限等要求为用户提供便捷高效的用电报装服务。

第十二条 电力监管机构对供电企业向用户受电工程提供服务的情况实施监管。

供电企业应当对用户受电工程建设提供必要的业务咨询和技术标准咨询；对用户受电工程进行中间检查和竣工检验，应当执行国家有关标准；发现用户受电设施存在故障隐患时，应当及时一次性书面告知用户并指导其予以消除；发现用户受电设施存在严重威胁电力系统安全运行和人身安全的隐患时，应当指导其立即消除，在隐患消除前不得送电。

第十三条 电力监管机构对供电企业实施停电、限电或者中止供电的情况进行监管。

在电力系统正常的情况下，供电企业应当连续向用户供电。需要停电或者限电的，应当符合下列规定：

（一）因供电设施计划检修需要停电的，供电企业应当提前7日公告停电区域、停电线路、停电时间；

（二）因供电设施临时检修需要停电的，供电企业应当提前24小时公告停电区域、停电线路、停电时间；

(三）因电网发生故障或者电力供需紧张等原因需要停电、限电的，供电企业应当按照所在地人民政府批准的有序用电方案或者事故应急处置方案执行。

引起停电或者限电的原因消除后，供电企业应当尽快恢复正常供电。

供电企业对用户中止供电应当按照国家有关规定执行。

供电企业对重要电力用户实施停电、限电、中止供电或者恢复供电，应当按照国家有关规定执行。

第十四条 电力监管机构对供电企业处理供电故障的情况实施监管。

供电企业应当建立完善的报修服务制度，公开报修电话，保持电话畅通，24小时受理供电故障报修。

供电企业应当迅速组织人员处理供电故障，尽快恢复正常供电。供电企业工作人员到达现场抢修的时限，自接到报修之时起，城区范围不超过60分钟，农村地区不超过120分钟，边远、交通不便地区不超过240分钟。因天气、交通等特殊原因无法在规定时限内到达现场的，应当向用户做出解释。

第十五条 电力监管机构对供电企业履行紧急供

电义务的情况实施监管。

因抢险救灾、突发事件需要紧急供电时,供电企业应当及时提供电力供应。

第十六条 电力监管机构对供电企业处理用电投诉的情况实施监管。

供电企业应当建立用电投诉处理制度,公开投诉电话。对用户的投诉,供电企业应当自接到投诉之日起10个工作日内提出处理意见并答复用户。

供电企业应当在供电营业场所设置公布电力服务热线电话和电力监管投诉举报电话的标识,该标识应当固定在供电营业场所的显著位置。

第十七条 电力监管机构对供电企业执行国家有关电力行政许可规定的情况实施监管。

供电企业应当遵守国家有关供电营业区、供电业务许可和承装（修、试）电力设施许可等规定。

第十八条 电力监管机构对供电企业公平、无歧视开放供电市场的情况实施监管。

供电企业不得从事下列行为：

（一）无正当理由拒绝用户用电申请；

（二）对趸购转售电企业符合国家规定条件的输

配电设施，拒绝或者拖延接入系统；

（三）违反市场竞争规则，以不正当手段损害竞争对手的商业信誉或者排挤竞争对手；

（四）对用户受电工程指定设计单位、施工单位和设备材料供应单位；

（五）其他违反国家有关公平竞争规定的行为。

第十九条 电力监管机构对供电企业执行国家规定的电价政策和收费标准的情况实施监管。

供电企业应当严格执行国家电价政策，按照国家核准电价或者市场交易价，依据计量检定机构依法认可的用电计量装置的记录，向用户计收电费。

供电企业不得自定电价，不得擅自变更电价，不得擅自在电费中加收或者代收国家政策规定以外的其他费用。

供电企业不得自立项目或者自定标准收费；对国家已经明令取缔的收费项目，不得向用户收取费用。

供电企业应用户要求对产权属于用户的电气设备提供有偿服务时，应当执行政府定价或者政府指导价。没有政府定价和政府指导价的，参照市场价格协商确定。

第二十条　电力监管机构对供电企业签订供用电合同的情况实施监管。

供电企业应当按照国家有关规定，遵循平等自愿、协商一致、诚实信用的原则，与用户、趸购转售电单位签订供用电合同，并按照合同约定供电。

第二十一条　电力监管机构对供电企业执行国家规定的成本规则的情况实施监管。

供电企业应当按照国家有关成本的规定核算成本。

第二十二条　电力监管机构对供电企业信息公开的情况实施监管。

供电企业应当按照国家有关规定，采取便于用户获取的方式，公开供电服务信息。供电企业公开信息应当真实、及时、完整。

供电企业应当方便用户查询下列信息：

（一）用电报装信息和办理进度；

（二）用电投诉处理情况；

（三）其他用电信息。

第二十三条　电力监管机构对供电企业报送信息的情况实施监管。

供电企业应当按照《电力企业信息报送规定》向

电力监管机构报送信息。供电企业报送信息应当真实、及时、完整。

第二十四条　电力监管机构对供电企业执行国家有关节能减排和环境保护政策的情况实施监管。

供电企业应当减少电能输送和供应环节的损失和浪费。

供电企业应当严格执行政府有关部门依法作出的对淘汰企业、关停企业或者环境违法企业采取停限电措施的决定。未收到政府有关部门决定恢复送电的通知，供电企业不得擅自对政府有关部门责令限期整改的用户恢复送电。

第二十五条　电力监管机构对供电企业实施电力需求侧管理的情况实施监管。

供电企业应当按照国家有关电力需求侧管理规定，采取有效措施，指导用户科学、合理和节约用电，提高电能使用效率。

第三章　监管措施

第二十六条　电力监管机构根据履行监管职责的

需要，可以要求供电企业报送与监管事项相关的文件、资料，并责令供电企业按照国家规定如实公开有关信息。

电力监管机构应当对供电企业报送信息和公开信息的情况进行监督检查，发现违法行为及时处理。

第二十七条　供电企业应当按照电力监管机构的规定将与监管相关的信息系统接入电力监管信息系统。

第二十八条　电力监管机构依法履行职责，可以采取下列措施，进行现场检查：

（一）进入供电企业进行检查；

（二）询问供电企业的工作人员，要求其对有关检查事项作出说明；

（三）查阅、复制与检查事项有关的文件、资料，对可能被转移、隐匿、损毁的文件、资料予以封存；

（四）对检查中发现的违法行为，可以当场予以纠正或者要求限期改正。

第二十九条　电力监管机构可以在用户中依法开展供电满意度调查等供电情况调查，并向社会公布调查结果。

第三十条　供电企业违反国家有关供电监管规定

的，电力监管机构应当依法查处并予以记录；造成重大损失或者重大影响的，电力监管机构可以对供电企业的主管人员和其他直接责任人员依法提出处理意见和建议。

第三十一条 电力监管机构对供电企业违反国家有关供电监管规定，损害用户合法权益和社会公共利益的行为及其处理情况，可以向社会公布。

第四章 罚 则

第三十二条 电力监管机构从事监管工作的人员违反电力监管有关规定，损害供电企业、用户的合法权益以及社会公共利益的，依照国家有关规定追究其责任；应当承担纪律责任的，依法给予处分；构成犯罪的，依法追究刑事责任。

第三十三条 供电企业违反本办法第六条规定，没有能力对其供电区域内的用户提供供电服务并造成严重后果的，电力监管机构可以吊销电力业务许可证，指定其他供电企业供电。

第三十四条 供电企业违反本办法第七条、第八条、第九条、第十条、第十一条、第十二条、第十三条、第十四条、第十五条、第十六条、第二十一条、第二十四条规定的，由电力监管机构责令改正，给予警告；情节严重的，对直接负责的主管人员和其他直接责任人员，依法给予处分。

第三十五条　供电企业违反本办法第十八条规定，由电力监管机构责令改正，拒不改正的，处10万元以上100万元以下罚款；对直接负责的主管人员和其他直接责任人员，依法给予处分；情节严重的，可以吊销电力业务许可证。

第三十六条　供电企业违反本办法第十九条规定的，电力监管机构可以责令改正并向有关部门提出行政处罚建议。

第三十七条　供电企业有下列情形之一的，由电力监管机构责令改正；拒不改正的，处5万元以上50万元以下罚款，对直接负责的主管人员和其他直接责任人员，依法给予处分；构成犯罪的，依法追究刑事责任：

（一）拒绝或者阻碍电力监管机构及其从事监管工作的人员依法履行监管职责的；

（二）提供虚假或者隐瞒重要事实的文件、资料的；

（三）未按照国家有关电力监管规章、规则的规定公开有关信息的。

第三十八条 对于违反本办法并造成严重后果的供电企业主管人员或者直接责任人员，电力监管机构可以建议将其调离现任岗位，3年内不得担任供电企业同类职务。

第五章 附 则

第三十九条 本办法所称以上、以下、不低于、不超过，包括本数。

第四十条 本办法自2010年1月1日起施行。2005年6月21日电监会发布的《供电服务监管办法（试行）》同时废止。

最高人民法院关于审理破坏电力设备刑事案件具体应用法律若干问题的解释

（2007年8月13日最高人民法院审判委员会第1435次会议通过 2007年8月15日最高人民法院公告公布 自2007年8月21日起施行 法释〔2007〕15号）

为维护公共安全，依法惩治破坏电力设备等犯罪活动，根据刑法有关规定，现就审理这类刑事案件具体应用法律的若干问题解释如下：

第一条 破坏电力设备，具有下列情形之一的，属于刑法第一百一十九条第一款规定的"造成严重后果"，以破坏电力设备罪判处十年以上有期徒刑、无期徒刑或者死刑：

（一）造成一人以上死亡、三人以上重伤或者十人以上轻伤的；

（二）造成一万以上用户电力供应中断六小时以上，致使生产、生活受到严重影响的；

（三）造成直接经济损失一百万元以上的；

（四）造成其他危害公共安全严重后果的。

第二条 过失损坏电力设备，造成本解释第一条规定的严重后果的，依照刑法第一百一十九条第二款的规定，以过失损坏电力设备罪判处三年以上七年以下有期徒刑；情节较轻的，处三年以下有期徒刑或者拘役。

第三条 盗窃电力设备，危害公共安全，但不构成盗窃罪的，以破坏电力设备罪定罪处罚；同时构成盗窃罪和破坏电力设备罪的，依照刑法处罚较重的规定定罪处罚。

盗窃电力设备，没有危及公共安全，但应当追究刑事责任的，可以根据案件的不同情况，按照盗窃罪等犯罪处理。

第四条 本解释所称电力设备，是指处于运行、应急等使用中的电力设备；已经通电使用，只是由于枯水季节或电力不足等原因暂停使用的电力设备；已经交付使用但尚未通电的电力设备。不包括尚未安装完毕，或者已经安装完毕但尚未交付使用的电力设备。

本解释中直接经济损失的计算范围，包括电量损失金额，被毁损设备材料的购置、更换、修复费用，以及因停电给用户造成的直接经济损失等。